文创产品设计

Design of Cultural and Creative Products

周承君　何章强　袁诗群　著

化学工业出版社
·北京·

本书主要包括三大部分内容。一是文创的相关理论内容。主要从文创产品设计的概念、政策、特征等方面来详细梳理和介绍。二是文创产品设计的流程和方法。主要将文创产品设计方法、原则以及创意思维的训练，结合实际案例来讲解。三是文创产品设计的实践与前沿，主要从文创管理和评价方面，结合前沿典型案例，多角度解读和分析。

本书适合于普通高校产品设计及相关专业师生学习使用，也适合于文创、产品设计等相关研究人员和从业人员参考使用。

图书在版编目（CIP）数据

文创产品设计/周承君，何章强，袁诗群著. —北京：化学工业出版社，2019.9（2025.2重印）
（汇设计丛书）
ISBN 978-7-122-34738-1

Ⅰ.①文…　Ⅱ.①周…②何…③袁…　Ⅲ.①文化产品-产品设计　Ⅳ.①G124

中国版本图书馆CIP数据核字（2019）第123976号

责任编辑：李彦玲　　装帧设计：王晓宇
责任校对：王　静

出版发行：化学工业出版社（北京市东城区青年湖南街13号　邮政编码100011）
印　　装：天津市银博印刷集团有限公司
787mm×1092mm　1/16　印张10　字数225千字　　2025年2月北京第1版第14次印刷

购书咨询：010-64518888　　售后服务：010-64518899
网　　址：http://www.cip.com.cn
凡购买本书，如有缺损质量问题，本社销售中心负责调换。

定　　价：58.00元

前言
Preface

1998年，时任英国首相布莱尔听取“创意经济之父”约翰·霍金斯教授的建议，将“创意经济”上升为国家战略并成立英国文化媒体部。该部门于1998年11月发布的《创意产业报告》可视为创意产业纲领性文件。2000年，联合国教科文组织出版了《文化、贸易和全球化：问题与答案》，书中对“文化创意产业”和相关问题进行了较权威的界定。此时英、美等发达国家的创意产业产值快速增长，迅速成为国民经济支柱产业。

二十世纪九十年代开始，笔者参与了大量创新设计案例实践和课题研究，并率先在学院开设了文创产品设计课程。

近年来，为响应国家“全民创新，万众创业”的号召，我们力求站在创意产业的最前沿，主动组建师生创意团队，切实推动校企协同，参与了大量文创产品设计和各类创新创业活动。随着国家战略层面对文化创意产业的重视，高校迫切需要具有针对性的文创产品设计类教材，来有效引导并培养文创产品设计专门人才，这也是我们编写本书的初衷。

本书的特点是总结大量成功案例，站在教学和文创产品设计管理的角度，来谈文创产品设计的原则、方法和流程等。通过前沿理论与实践案例结合，系统性、多角度地介绍文创产品设计，培养学生与市场接轨的观念。

本书由周承君、何章强、袁诗群著，在写作过程中得到同济大学林家阳教授、首都师范大学李中扬教授多方面的指导，在此深表诚挚的谢意！

衷心希望本书能得到广大专家和读者的喜欢，希望能对设计类教师、学生和相关从业人员有指导意义和参考价值！

周承君
2019年5月

目录

CONTENTS

01 Chapter

第一章 文创产品相关基础知识 / 001

第一节 文创产品设计概述 / 002

一、文创产业与文创产品基本概念 / 002

二、文创产业与文创产品相关政策 / 003

第二节 文创产品的基本特征 / 007

一、文化性与艺术性 / 007

二、地域性与民族性 / 008

三、纪念性与实用性 / 010

四、经济性与时代性 / 012

第三节 文创产品的基本分类方式 / 013

一、基于产品的设计对象分类 / 013

二、基于产品的材料工艺分类 / 018

三、基于产品的市场需求分类 / 022

四、基于产品的功能分类 / 023

第二章 文创产品设计与创新 / 024

第一节 创新是文创产品的灵魂 / 025

一、在满足需求的前提下创新 / 025

二、符号、隐喻与创新 / 029

三、潜意识与创新 / 033

四、时尚心理与创新 / 033

五、文化差异与创新 / 036

第二节 创意思维的基本模式与手段 / 038

一、创意思维的基本模式 / 038

二、思维拓展的基本手段 / 040

第三节 文创产品开发的典型范式 / 043

一、地域文化驱动的文创开发 / 043
二、经典内容驱动的文创开发 / 044
三、非遗产业驱动的文创开发 / 045

03 Chapter

第三章
文创产品设计方法和原则 / 046

第一节　文创产品设计方法 / 047
一、以功能为主的设计 / 047
二、突出趣味性的设计 / 047
三、融入情境性的设计 / 049
四、演绎故事性的设计 / 051
五、应用高科技的设计 / 051

第二节　文创产品设计原则 / 052
一、以市场为导向的原则 / 052
二、突出差异的创新原则 / 053
三、兼顾美观与实用的原则 / 054
四、坚持绿色环保的原则 / 055
五、遵循系统分层的原则 / 057

第三节　文创产品设计中的文化体现 / 058
一、地域文化与文创产品设计 / 058
二、中国传统美学与文创产品设计 / 059
三、情感体验与文创产品设计 / 062
四、文化符码与文创产品设计 / 063

第四章
文创产品设计的基本流程 / 065

第一节　文创项目管理与市场调查 / 066
一、文创项目管理 / 066
二、文创产品市场调查 / 069

第二节　文创产品受众行为分析与用户画像 / 075
一、文创产品受众行为分析 / 075
二、文创产品用户画像 / 079
第三节　文创产品定位与头脑风暴 / 081
一、文创产品定位 / 081
二、文创产品开发中的头脑风暴 / 083
第四节　文创设计草图表现与效果图表现 / 085
一、文创产品三维表现技巧 / 085
二、平面作品表现技巧 / 091
第五节　平面作品打样与产品模型制作 / 095
一、平面作品打样 / 095
二、产品模型制作 / 096

05 Chapter
第五章
文创产品经典案例赏析与评价 / 100
第一节　博物馆文创商品 / 101
一、北京故宫博物院文创商品 / 101
二、台北故宫博物院文创商品 / 103
三、国外博物馆文创商品 / 105
第二节　MUJI、IKEA与“上上”的生活美学 / 111
一、“上上”的中式生活美学 / 111
二、MUJI的日式生活美学 / 113
三、宜家（Ikea）的北欧生活美学 / 115
第三节　“大圣归来”与熊本的IP衍生 / 116
一、“大圣归来”动漫衍生的悲喜剧 / 116
二、“熊本熊”与日本卖萌经济学 / 117
第四节　文创产品设计的评价 / 119
一、文创产品评价的一般程序 / 119

二、文创产品应尊重用户情感体验 / 119
三、文创产品应有助于文化理念的正向传播 / 120
四、文创产品的可用性测试 / 120
五、权威文创产品设计大赛的评价标准（参照具体文创设计大赛官网要求）/ 120

第六章
文创产品设计案例 / 121

第一节 第十届（武汉）国际园林博览会特许商品设计 / 122
一、武汉旅游纪念品市场前期调研与总结 / 122
二、“武汉元素”提炼设计 / 126
三、文创产品开发中的维与度 / 132
第二节 荆州博物馆文创商品的“楚文化”表现 / 135
一、荆州博物馆的前期调研与总结 / 135
二、“楚文化”头脑风暴 / 136
三、荆楚博物馆文创商品的“楚文化”表现——以“齐物”笔架为例 / 136
四、文物食品模具设计 / 144
第三节 旺旺文创食品设计 / 145
一、旺旺食品品牌调研与总结 / 145
二、旺旺文创食品开发 / 145

参考文献 / 152

Cultural and Creative Product Design

01 Chapter

第一章

文创产品相关基础知识

近些年来，文创产品一词频繁出现在人们的视野，不断开启时尚生活新潮流。但目前国内外对文创产品内涵与外延的界定，还存在很大的差异。基于此，我们结合已有相关理论知识、教学实践以及围绕特定主题进行文创产品开发的实战经验，提出自己的见解，期望抛砖引玉，对文创产品开发有一定的参考价值。

第一节　文创产品设计概述

随着文创产品需求的日益增长，文化创意产业的发展逐渐成为新的经济增长点的重要内容，2014年3月国务院正式发布《国务院关于推进文化创意和设计服务与相关产业融合发展的若干意见》，这也是国务院文件首次将“设计”和“产业”一词同时放在标题中出现，为推动文创产业的加速发展，从中央到地方不断出台相关政策，给文创产业发展带来前所未有的机遇。

一、文创产业与文创产品基本概念

1.文创产业基本概念

20世纪90年代，英国经济处于停滞状态。时任首相布莱尔听取“创意经济之父”约翰·霍金斯教授的建议，将“创意经济”上升为国家战略。从1998年英国“创意产业纲领文件”，到2005年的“创意经济方案”，再到2017年的“现代工业战略”，“创意经济”得以在英国蓬勃发展，并随着经济的发展不断迭代升级。进入21世纪，文化创意产业已然成为新兴朝阳产业，其产业发展成为当前经济竞争力和文化向心力的重要指标，是各地寻求新的经济增长点的重要内容。而国内外学者目前对于文化创意产业尚处于认知和探索阶段，没有一个清晰的定义，笔者在结合自己的教学实践，参照诸家代表性意见后认为：所谓文化创意产业，就是要将抽象的文化直接转化为具有高度经济价值的“精致产业”。换言之，文化创意产业应以文化为共同条件和特性，通过创意将知识的原创性与变化融入具有丰富内涵的文化之中，产生出能够创造经济价值的全新的产业类型，而经济价值的实现依靠保护知识产权来保证。

2.文创产品设计的基本概念

（1）什么是设计。

“设计”一词出现较早，英文中的“设计”一词起源于拉丁语，意为画句号。在中国古代汉语中“设计”一词也早已经出现，东汉许慎的《说文解字》中有“设”是“施陈也”;“计”是“会算也”，是设想、运筹、计划与预算的意思。在经过较长一段时间发展，设计定义也不断被更新和完善，其核心定义大多是，为实现一定的目的而进行的设想、规划、方案等创造性活动。

（2）什么是文化。

文化是相对于经济、政治而言的人类全部精神活动及其产品。从词源上来说，“文化”一词在西方来源于拉丁语cultura，原意有土地耕耘和栽培的意思，后来引申为对人的身心教养。国内外对文化都有过不同定义，但都将其定义为人类思想和实践现象的总

图 1-1　颐和园四君子系列锁骨链

图 1-2　颐和园文创——文具周边

体体现。

（3）文创产品设计。

设计的核心是人，设计承载了对人类精神和心灵的慰藉。产品是反映物质功能和精神追求的各种文化要素的综合，是产品价值、使用价值和文化价值的统一。文化创意产品一般是指以文化、创意理念为核心，是创意人的知识、智慧和灵感在特定行业的物化表现，即其创意来自文化设计的产品。简单来讲，文创产品是指具有文化内涵的创新性的产品，其核心要义是对文化内容进行创新性转化。而文创产品设计，主要是通过分析文化器物本身所蕴含的文化因素，将这些文化因素以符合现代生活形态的形式转化成设计要素，并探求其使用后的精神层面满足——即产品的“体验价值”。随着现代化社会的不断发展，消费者个性化、差异化的消费需求逐渐让文创产品成为市场的新颖的消费品。文创产品设计处于技术创新和研发等产业价值链的高端环节，科技和文化的附加值明显高于普通产品和服务。如图 1-1 所示的颐和园“春夏秋冬”四君子系列，来自于设计师 KIMMIE CHUI，以颐和园的什锦灯窗为元素，以二十四节气为灵感，结合梅兰竹菊四君子的象征意义，历时两年精心设计和改版打磨，设计出了项链和胸针结合的三戴款珠宝首饰，分别展示了颐和园四时的不同光景。如图 1-2 所示为颐和园的文具周边，则传承了颐和园的经典雅致风格。

二、文创产业与文创产品相关政策

1. 文创产业相关政策

借鉴世界各国文化创意产业分类，根据我国的行业划分标准和现状的分析，文化创意产业主要包括以下几类："广告；建筑设计；电影、电视、音乐等艺术创作；时尚设计；网站软件开发；书籍创作及出版；艺术表演等。"

2013年10月31日，国务院总理李克强在中南海主持召开了就任以来的第三次经济形势座谈会，在同专家学者和企业代表的交流中，马云介绍的淘宝网经验得到了总理"创造了消费时点"的肯定，而淘宝网代表的不仅是单纯的网店消费模式，更集中反映了互联网衍生出来的广告、动漫、视频、文化艺术及设计等广泛的消费领域，蕴藏着层出不穷的新的"消费时点"。

时隔不久的2014年1月22日，李克强总理便主持召开国务院常务会议，部署推进文化创意和设计服务与相关产业融合发展。会议同时确定了推进文化创意和设计服务相关产业融合发展的五项具体政策措施。最终形成了《国务院关于推进文化创意和设计服务与相关产业融合发展的若干意见》于2014年2月正式发布，从战略层面讲"设计"和"创意产业"整合在一起。

2015年10月，《中共中央关于制定国民经济和社会发展第十三个五年规划的建议》首次提出了"创意文化产业"的概念，并提出"文化产业成为国民经济的支柱性产业"的目标。2016年3月，"大力发展创意文化产业"被正式写进了"十三五"规划纲要中。2016年，由中国博物馆协会主办的"让文物活起来"——全国文博单位文化创意产品联展在湖北省博物馆举行。如图1-3所示，即为此次联展的一些产品。

图1-3 "让文物活起来"文博单位文创产品联展

2.文创产品相关政策

支持文创产品发展有利于推进供给侧结构性改革，培育新的经济增长点，满足人民群众日益增长的物质文化需求。目前，消费者对文化创意产品的需求依然较为旺盛，但能够打动消费者的创意产品却相对不足。为了做好文创开发工作，相关部门在近些年密集出台了相关措施。如图1-4所示，是近年来促进文创产品发展的相关政策及重要举措。

2009年8月《文化部 国家旅游局关于促进文化与旅游结合发展的指导意见》发布，提出深度开发文化旅游工艺品（纪念品）。2014年4月，国务院发布《国务院办公厅关于印发文化体制改革中经营性文化事业单位转制为企业和进一步支持文化企业发展的两个规定的通知》，落实和完善有利于文化内容创意生产、非物质文化遗产项目经营的税收优惠政策。同月，文化部、财政部、国务院印发相关文件推进特色文化产业和鼓励旅游纪念品开发。

时间	负责部门	文件名称	主要内容
2009/8	文化部 国家旅游局	《文化部 国家旅游局关于促进文化与旅游结合发展的指导意见》	提出深度开发文化旅游工艺品（纪念品）。文化行政部门鼓励创意制作符合地方文化特点的文化旅游工艺品（纪念品），挖掘旅游品牌的形象价值，拓展旅游品牌的产业链条；旅游部门积极创造条件，加强文化旅游工艺品（纪念品）的市场推广，逐步提高工艺品（纪念品）的信誉和影响力。举办全国文化旅游工艺品（纪念品）博览会和全国文化旅游工艺品（纪念品）博览会和全国文化旅游工艺品（纪念品）创意设计大赛。鼓励有创新特色的文化旅游工艺品（纪念品）申请外观设计专利，加强对文化旅游工艺品（纪念品）的知识产权保护
2014/4	国务院	《国务院办公厅关于印发文化体制改革中经营性文化事业单位转制为企业和进一步支持文化企业发展的两个规定的通知》	落实和完善有利于文化内容创意生产、非物质文化遗产项目经营的税收优惠政策。对国家重点鼓励的文化产品出口实行增值税零税率。对国家重点鼓励的文化服务出口实行营业税免税
2014/8	文化部 财政部	《文化部 财政部关于推动特色文化产业发展的指导意见》	鼓励各地发展工艺品、演艺娱乐、文化旅游、特色节庆、特色展览等特色文化产业。工艺品业要在保护多样性和独特性的基础上，坚持继承和创新相结合，促进特色文化元素、传统工艺技艺与创意设计、现代科技、时代元素相结合。 培育特色文化品牌。支持各地实施“一地（县、镇、村）一品”战略，形成一批具有较强影响力和市场竞争力的产品品牌。发挥有代表性的民间手工艺人、工艺美术大师和文化名人在培育特色文化品牌中的作用
2014/6	国务院	《国务院关于促进旅游业改革发展的若干意见》	扩大旅游购物消费。实施中国旅游商品品牌建设工程，重视旅游纪念品创意设计，提升文化内涵和附加值，加强知识产权保护，培育体现地方特色的旅游商品品牌。传承和弘扬老字号品牌，加大对老字号纪念品的开发力度
2016/3	国务院	《关于进一步加强文物工作的指导意见》	倡导大力发展文博创意产业，在经营管理上，鼓励“社会资本广泛参与研发、经营等活动”。《意见》鼓励大力发展文博创意产业。深入挖掘文物资源的价值内涵和文化元素，更加注重实用性，更多体现生活气息，延伸文博衍生产品链条，进一步拓展产业发展空间，进一步调动博物馆利用馆藏资源开发创意产品的积极性，扩大引导文化消费，培育新型文化业态。鼓励众创、众筹，以创新创意为动力，以文博单位和文化创意设计企业为主体，开发原创文化产品，打造文化创意品牌，为社会资本广泛参与研发、经营等活动提供指导和便利条件。实施“互联网＋中华文明”行动计划，支持和引导企事业单位通过市场方式让文物活起来，丰富人民群众尤其是广大青少年的精神文化生活
2016/5	文化部、国家发展改革委、财政部、国家文物局	《关于推动文化文物单位文化创意产品开发的若干意见》	提出在确保博物馆公共服务职能的前提下，“实现社会效益和经济效益的协调统一”。提出了充分调动文化文物单位积极性、发挥各类市场主体作用、加强文化资源梳理与共享、提升文化创意产品开发水平、完善文化创意产品营销体系、加强文化创意品牌建设和保护和促进文化创意产品开发的跨界融合等七项主要任务
2016/10	国家文物局	《关于促进文物合理利用的若干意见》	“支持文博单位与社会力量深度合作，建立优势互补、互利共赢的合作机制”。提出了扩大文物资源社会开放度、促进馆际交流提高藏品利用率、加强革命文物展示利用、创新利用方式、落实文化创意产品开发政策、鼓励社会力量参与等六项具体举
2016/11	国家文物局、国家发展和改革委员会、科学技术部、工业和信息化部、财政部	《“互联网＋中华文明”三年行动计划》	将有（局机关部门预算、中央财政文化产业专项扶持资金、车保专项资金）三个资金渠道对包括互联网＋文博创意产品在内的工作，予以资金支持。提出建立文物信息资源和品牌资源的授权机制，鼓励博物馆“通过总体授权、单独授权、专项授权等，将资源优势转变为市场优势”。把互联网的创新成果与中华传统文化的传承、创新与发展深度融合，深入挖掘和拓展文物蕴含的历史、艺术、科学价值和时代精神、彰显中华文明的独特魅力，丰富文化供给，促进文化消费，五部委特制定“互联网＋中华文明”三年行动计划
2016/12	科技部、文化部、国家文物局	《国家“十三五”文化遗产保护与公共文化服务科技创新规划》	要拓宽人才培训渠道，通过外部引进、内部培养等方式，培育文化遗产保护与公共文化服务领域的复合型人才，培养“高端创意研发、经营管理、营销推广人才”
2017/2	国家文物局	《国家文物事业发展“十三五”规划》	打造一批“具有示范带动作用的文化创意产品开发项目和优秀企业”。到 2020 年，打造 50 个博物馆文化创意产品品牌，建成 10 个博物馆文化创意产品研发基地，文化创意产品年销售额 1000 万元以上的文物单位和企业超过 50 家，其中年销售额 2000 万元以上的超过 20 家。扩大文物资源开放，实施全国可移动文物资源共享工程。如故宫博物院，进行资源梳理后，数字化呈现彰显文物魅力
2017/3	文化部	《国家艺术基金“十三五”时期资助规划》	资助满足艺术事业当前和长远发展需求的艺术人才培养项目。包括：舞台艺术、美术、书法、摄影、艺术设计、工艺美术和网络文艺等领域的艺术专业人才、经营管理人才和理论评论人才培养项目。其中对艺术人才培养项目的资助重点包括了文化创意产品设计人才、动漫创作人才培养项目

图 1-4　文创产品相关政策及重要举措

图1-5　故宫博物院数字化保护（1）

图1-6　故宫博物院数字化保护（2）

图1-7　丝路文创

2016年3月，国务院发布《关于进一步加强文物工作的指导意见》，推进博物馆文创发展；10月，国家文物局发布的《关于促进文物合理利用的若干意见》中也提到了要“支持文博单位与社会力量深度合作，建立优势互补、互利共赢的合作机制”。11月，五大部委推进互联网的创新成果与中华传统文化的传承、创新与发展深度融合，制定《“互联网+中华文明”三年行动计划》。12月，《国家“十三五”文化遗产保护与公共文化服务科技创新规划》提出要拓宽人才培训渠道，通过外部引进、内部培养等方式，培育文化遗产保护与公共文化服务领域的复合型人才，培养“高端创意研发、经营管理、营销推广人才”。

2017年2月，《国家文物事业发展“十三五”规划》提出打造一批“具有示范带动作用的文化创意产品开发项目和优秀企业”。如故宫博物院，进行资源梳理后，数字化呈现彰显文物魅力（图1-5、图1-6）。

2017年3月文化部发布《国家艺术基金“十三五”时期资助规划》，资助满足艺术事业当前和长远发展需求的艺术人才培养项目。具体内容包括：舞台艺术、美术、书法、摄影、艺术设计、工艺美术和网络文艺等领域的艺术专业人才、经营管理人才和理论评论人才培养项目。其中对艺术人才培养项目的资助重点包括了文化创意产品设计人才、动漫创作人才培养项目。2018年西安美术学院申报的《丝路文创产品设计人才培养》获得立项，是国家艺术基金首个以培养丝路文创产品设计人才为目标的项目（图1-7）。

第二节　文创产品的基本特征

因文创产品的“体验价值”，要求其不仅需要满足消费者物质层面的需求，更重要的是满足消费者心理和精神层面的需求。文创产品在具备普通商品一般特征的同时，还应该具有区别一般商品的特征，如文化性与艺术性、地域性与民族性、纪念性与实用性、经济性与时代性等。

一、文化性与艺术性

1. 文化性

创意产业具有很强的人文性。创意产业是通过创造性思维激活思维、激活文化、激活情感、激活概念所产生的创新性理念，可为产品注入新思想、新文化、新情感、新概念、新时尚，在很大程度上提高文化附加值，带来可观的经济效益。

文创产品中的文化性是通过文创产品显现民族传统、时代特色、社会风尚、企业或团体理念等精神信息。文化性是文创产品的核心内容，消费者对于文创产品的消费，从某种意义上来说不仅仅是为了其实用性，更多是为了买“一种文化”和生活方式，是一种由文化带来的情感溢价。在体验经济时代，文创产品背后承载的应该是一种独特的文化和故事，凝结着独特的精神价值和社会内涵，需要体现文化渊源和消费者独特的价值追求。文创产品注重文化的创新，文化创新并不意味着一定要和传统的文化结合，也可以是多元文化的创造性组合。同时，文创产品对文化的传承与创新，应当尊重文化本身的“精神内核”，切忌捏造和篡改文化。如平遥古城地图文创（图1-8），做到的不仅仅是与古城地图形态的契合，还运用古人“以龟建城”的理念，传达吉祥、安康、坚强和永固的美好寓意。

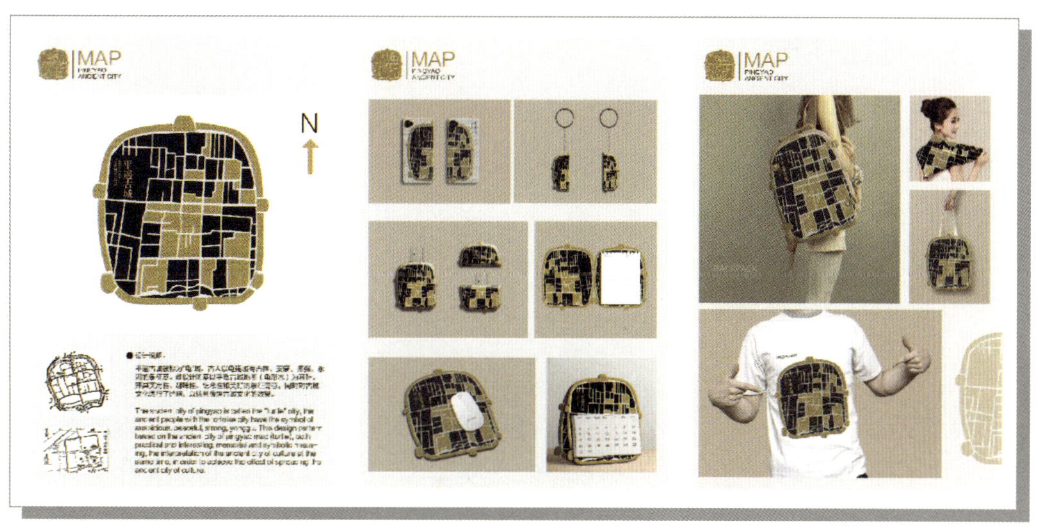

图1–8　平遥古城地图文创（作者：李添吉，袁诗群；指导教师：周承君）

2. 艺术性

艺术性是指在结合设计条件、材料、环境进行设计活动时，创作主体应对设计的审美规律有所参照，设计作品应对设计审美要素有所展现。文创产品应具有艺术价值，凝结着受众群的审美特征，具有艺术欣赏的特性。艺术欣赏应包括文创产品外在形态和内在精神的欣赏，内外结合的美，才能给受众带来愉悦的感受，同时唤起人们的生活情趣和价值的体验，使文创产品与人沟通、与生活沟通。

因此，设计者在进行文创产品设计的时候，应当充分熟悉材质、工艺和形式所表现出来的特性，同时结合文化习俗、风土人情、神话传说、生活方式等，设计出外在形态符合形式美法则及当代的审美需求，内在故事能给消费者有所回味，从不同角度体现出产品独特的艺术审美价值（图1-9）。

图1-9 艺术作品文创化

二、地域性与民族性

1. 地域性

地域文化是以地域为基础，以历史为主线，以景物为载体，以现实为表象，在社会进程中发挥作用的人文精神活动的总称。地域文化反映着这一地区社会、民族的经济、政治、宗教等文化形态，蕴涵含着民族的哲学、艺术、宗教、风俗以及整个价值体系的起源。所谓地域性设计是依据地域特点的设计，主要包括基于地域环境的适应性设计和基于文化资源的传承性设计两个方面，其实质是一种生态性设计。

不同的地域必然有不同的文化空间，所呈现的文化环境也必然不同。如在中国，长江流域的文化与黄河流域的文化不同，但它们同属于华夏文明；荆楚文化与赣皖文化不同，但它们同属长江流域文化；而荆楚文化又可以细分为屈原文化、三国文化等。地域性设计的基本设计方法是提取传统文化中符号模式及功能模式应用于现代设计之中，以满足本地域文化共同体的审美心理认同，同时造成相异地区人们文化审美心理的差异感。

在进行文创产品设计时，应概括出文化的共性和个性，突出文化的个性，反映特定地域的自然风貌和风土人情。当今文创产品对文化的阐释多流于表面，不能够深入地挖掘文化内涵，这也是导致同质化现象严重的原因之一。吉林省吉林市缸窑在清朝是东北陶瓷较大产地之一，有“缸都”“陶都”之称，文创产品“独钓寒江雪”利用当地“特产”吉林钦瓷为原材料，纹饰则用“夜看雾，晨看挂，待到近午赏落花”来表现吉林雾凇因时间变化之美（图1-10）。

图1-10　独钓寒江雪（作者：袁诗群　李添吉　指导教师：周承君）

2. 民族性

艺术由人创造，而“人”不能离开民族而存在，尤其是离不开本土文化，即民族性。以“鱼”为例，中西方对鱼的理解存在巨大差异，鱼在中国有着美好的象征，当在设计作品中出现鱼，中国人自然就会联想到这个抽象符号所连带的一些特殊意义。民族指的是一群人在文化、语言、历史或宗教与其他人群在客观上有所区分。一般来说，一个民族在历史渊源、生产方式、语言、文化、风俗习惯以及心理认同等方面具有共同特征。“民族的才是世界的”，在艺术风格上越具有民族性就越具世界性。同时，民族文化的独特性才能保持文化的多样化，如湘西的土家织锦、贵州的彝族漆器、西藏的唐卡等，各具特色、争奇斗艳。

不同的民族所表达的文化特性不同，设计师在设计产品之前，应该着重抓住民族文化的精神内核，找到共性与个性。在对文化元素进行提取时，应对民俗故事、纹饰、器物等进行分类梳理，在尊重民族习惯的前提下进行挖掘，设计出具有民族风情的产品，更好地弘扬和传承民族文化（图1-11）。

图1-11　藏文化产品——“朋友”系列（ronn lau作品）

三、纪念性与实用性

1. 纪念性

纪念性是文创产品对情感和记忆的承载。纪念是人们在现实生活中的一种感知方式，并以这样的方式不断丰富个人和集体的文化意向，进一步形成丰富多样的人类文明。纪念性要求文创产品除了给消费者带来审美愉悦之外，更重要的是帮助人们回顾历史，更了解自身以及周边的世界。纪念性强调消费者与被纪念事物的之间的关联性，而文创产品是将纪念性的意义赋予到产品以唤醒某种记忆。

在进行纪念性文创产品设计时候，可采用象征的手法。象征是以形象代表概念，运用象征的手法可以阐明与形象相关联的意义。最典型的象征手法有数目象征（如生日、革命纪念日等）、视觉象征（如品牌形象、纹饰等）、场所体验（如诗词意境、建筑等）。

瞭望台U盘设计，将长城的瞭望台造型和U盘的外形进行关联，巧妙运用瞭望孔的弧线结构塑造U盘外侧的拼接口，形成一套可组合U盘设计。同时每个U盘既可单独使用，也可被拼合成完整的瞭望台造型。产品的包装盒既是外包装也是基座，四周有与U盘配套的插孔，方便使用，不易丢失，具有较强的实用性与纪念价值（图1-12）。

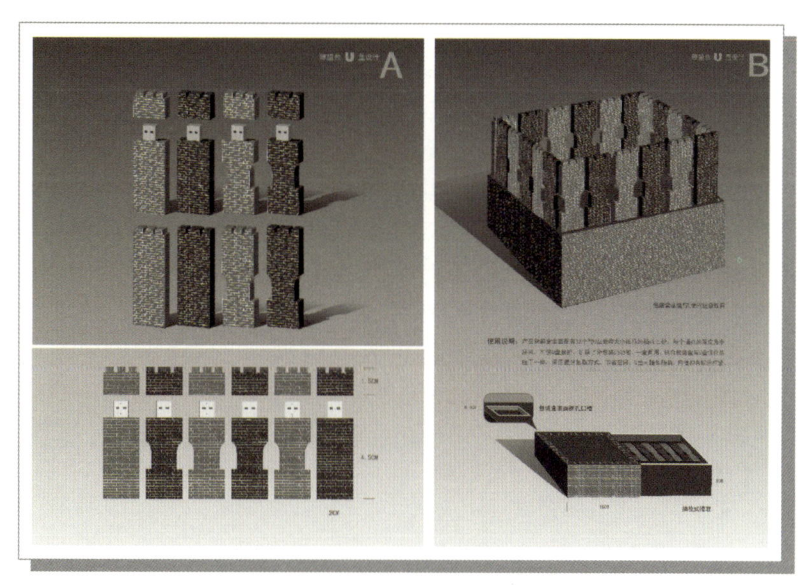

图1-12　长城旅游纪念U盘设计

2. 实用性

在设计发展水平相对超前的国家，实用性设计似乎不那么重要，人们更在意审美和艺术的趣味性。而在中国，可以明显感知到的是，在传统非遗项目中，传统手工艺创作者似乎更受资本市场和政府的青睐，很大程度上是因其可直接生产具备实用价值的产品。

鉴于中国国情，消费者在选择购买产品时更倾向购买具备实用价值的产品。文创产品的实用性虽然不是必要选项，但应是设计者的重点考量维度（图1-13）。

图1-13　大广赛一等奖“平遥有礼”（凌晔　韦锦城　莆田学院）

四、经济性与时代性

1. 经济性

经济性是指最低的能耗达到最佳的设计效果，文创产品设计应该具有较高的性价比，针对消费者群体特征而设定合适的价格。在旅游景点或文博单位，我们常常看到文物复制品或手工艺产品，缺乏创新性却价格虚高，让不少游客“望物兴叹”。文创产品的优势在于通过创意设计，赋予产品文化内涵，提升产品的体验价值，从而使产品具有较高的附加值，让消费者觉得“价格合理，贵有贵的道理”。

设计师应该考虑不同消费层级的群体，设计不同层次的产品，高中低档均有涉猎，让消费者有更多的选择空间。同时，相关部门应该加强监管和引导，从而提升消费者对产品的好感度、复购率等。

“里九外七皇城四，九门八点一口钟。”这句话概括了老北京皇城根儿的城市规划。虽然大多数城门都已不复存在，许多地方也已不再是当年的风貌，但北京依然沿用着这些古老的地名作为这个城市的名片，向世人展示着北京悠久的历史。文创产品“皇城·门”（图1-14）这一系列的明信片用一张清朝时期的老地图，向人们悉数展现那些带有历史感的地名。纸品设计成本低，是比较好的文化传承的品类载体，也可以做得很有创意。

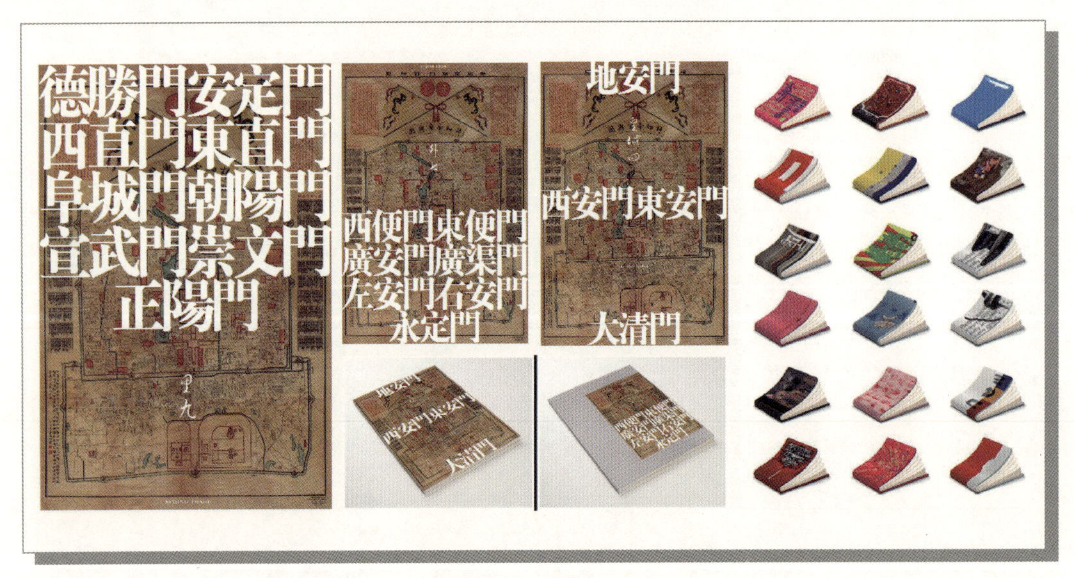

图1-14　皇城·门

2. 时代性

艺术是人类生活中的重要组成部分。它可以培养人的认知能力、创造力以及人的审美能力。文创产品设计应当在兼具文化性的同时体现当代人的审美需求，与当代人沟通，从而使文化不跟时代脱节。时代性的对立面则是因循守旧，我国的部分手工艺或者民俗非遗传承难以维系，很大一部分原因是不能够适应时代潮流，与当下生活方式结合不够紧密。

随着中国顶层设计提出全面复兴中国传统文化，出现了一大批“古老”而又年轻的节目，如《国家宝藏》《如果国宝会说话》等弘扬传统的文化类节目广受好评，这些节目之所以能成功的很大一部分原因就是注重与年轻人沟通和互动。中国的文创品牌要走出去，必须尊重中国的本土文化，同时符合国际审美。国际知名华人设计师刘传凯设计的上海世博会城市旅游纪念品——微风，将上海地标以中国特有的折扇形式表现，利用了中国传统香木扇的拉花、烫花、雕花等制作工艺，极具时代性和纪念意义（图1-15）。

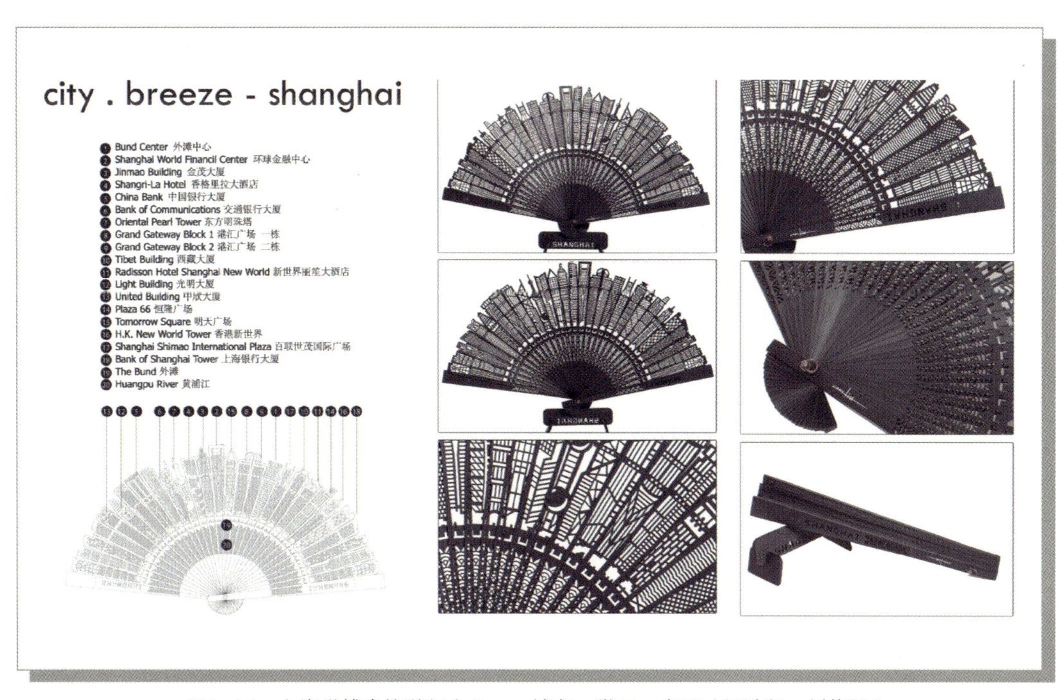

图1-15　上海世博会旅游纪念品——城市·微风　扇子（设计师：刘传凯）

第三节　文创产品的基本分类方式

文创产品其实是一个比较广的概念，对于其内涵和外延学界业界也未能形成清晰的界定。本书中对文创产品的研究主要是依据艺术设计专业的设计实践，对文创产品的分类也主要是从艺术设计的角度进行考量。主要从三个方面进行分类：基于产品的设计对象分类、基于产品的材料工艺分类、基于产品的市场需求分类以及基于产品的功能分类。

一、基于产品的设计对象分类

1.旅游纪念品

旅游纪念品目前并没有清晰的概念，海内外有学者将其分为广义与狭义——广义上，文化旅游产品是指对能够满足人们的文化感受和精神消费的娱乐休闲、自然风光、风景名胜等旅游资源而打造的一系列旅游活动产品；狭义的文化旅游产品，即本书所讨论的产品，是指游客在旅游过程中购买的精巧便携、富有地域特色和民族特色的礼品。有人比喻旅游纪念品是一个城市的名片，这张名片典雅华丽，有极高的收藏与鉴赏价值。常见的旅游纪念品主要是指针对博物馆和观光景点所设计的文创产品。

国家统计局有关数据显示，近年来我国国内旅游市场的游客人数一直保持着稳定的增长趋势，年均增长率在10%以上。大众旅游时代，旅游休闲已成为百姓的生活常态，2017年，国内旅游市场游客人数已经达到50亿人次。这一年的中国国内旅游总收入已经达到4.57万亿元，从而更多旅游用户随着自身的经济水平不断提高，未来必将在旅游支出投入更多。

在旅游发达国家或地区，旅游纪念品的收入占旅游业总收入的30%以上，而在我国2010年这一收入比例仅为21%，远低于世界平均水平。根据2015年的统计，大英博物馆艺术衍生品营业收入年均高达两亿美元，纪念品销售成为其主要收入来源之一。近年来我国博物馆事业蓬勃发展，截至2016年底，全国登记注册的博物馆已达4873家，比2015年度增加了181家。全国博物馆每年举办展览超过3万个，参观人数近9亿人次。作为中国博物馆文创产品开发的“标杆”机构，北京故宫博物院的文创产品从2013年的6亿元增长到2016年突破10亿元大关。而故宫博物院前院长单霁翔也表示，未来故宫的文创产品将从“数量增长”走向“质量提升”。在2017年，故宫的文创产品全年总收入达到了15亿元，可以说，博物馆正悄悄走进并开始影响着我们的生活（如图1-16、图1-17所示，为故宫猫系列文创产品）。

图1-16　故宫猫典型形象（洛可可设计）

图1-17　故宫猫系列文创产品（洛可可设计）

2.娱乐艺术衍生品

艺术衍生品，是基于艺术品的艺术价值、审美价值、经济价值、精神价值而派生出的一系列商品，它来源于艺术品本身，却改变了艺术品自主性、个体性、不可复制性等属性，成为具有审美价值的可批量生产的一般性商品。而本书所说的娱乐艺术衍生品，主要是基于影视娱乐、艺术家作品、动漫IP（即版权）等衍生出来的文创产品。

2015年，动画电影《西游记之大圣归来》推出的衍生品首日销售收入突破了1180万元人民币，创造了国内影视衍生品的日销售额新纪录，2015年也因此被看成是中国影视衍生品产业化的元年。2016年，影视产业衍生品市场迎来了井喷式增长，互联网影业的进入正在开创着衍生品市场的新局面。由光线传媒出品的《大鱼海棠》，仅衍生品就创下两周众筹300万元、总销量超5000万元的亮眼成绩。由此开始，衍生品的销售渠道不断被拓宽、销售种类也获得了前所未有的增长（图1-18）。

图1-18 《大鱼海棠》衍生品

在腾讯UP2018大会上，腾讯提出了“新文创”的概念，“新文创”是“泛娱乐”的升级，更强调IP的文化价值，以及文化价值与产业价值的良性互动。在这样的生态里，影视是文化表达最有利的途径，基于传统文化或者说中国文化符号的IP演绎显得尤其重要，同时这也给影视娱乐衍生产品设计带来了新的发展机遇。

3.生活美学产品

生活美学指的是“美即生活”，强调的是对于美学回归现实的转向，通过日常经验和审美过程结合，从感性出发来理解和分析其美的感受。它是对于“日常生活审美化”与“审美日常生活化”最佳的理论诠释，也是现代美学的最终走向，即走向生活。生活美学产品主要是通过对生活的观察，把自己对生活方式的理解渗透到日常产品的细节，创造出美的甚至是引领生活方式的产品。正如乔布斯所说，“消费者并不知道自己需要什么，直到我们拿出自己的产品，他们就发现，这是我要的东西”。

“80后”“90后”等新生代群体，在互联网和全球化的影响下，形成其中一部分，反消费主义的群体，开始追逐DIY、环保主义消费、极简生活方式等消费观，在一定程度上孕育了生活美学。这种新型的消费观以消费体验为核心，以社群关系为纽带，追逐个性和享乐，除实用性外，还对最终的产品作出审美判断，甚至关注产品的生产过程和生产者。但在互联网时代，消费者对生活美学消费有时并非来自自己的体验，而是对一种潮流的追逐，催生了虚假生活美学。

中国的传统生活美学产品，应多关注中国传统生活方式和造物方式，如儒释道文化、茶道、花道和香道等。生活美学产品是对生活方式和造物方式的阐释，背后蕴涵深刻意涵、仪式感或是匠心，如老舍茶馆与洛可可合作，新器新概念，根据盖碗哲学和禅宗哲学结合打造全新中国盖碗茶（图1-19）。

图1–19　老舍茶馆四季盖碗（洛可可设计）

4.活动与展会文创

活动与展会文创一般指根据展会、论坛、庆典、博览会、运动会等所设计的文创产品，此类产品有较强的纪念价值，但时效性较短，往往会随着活动的截止停止生产和售卖（图1-20）。

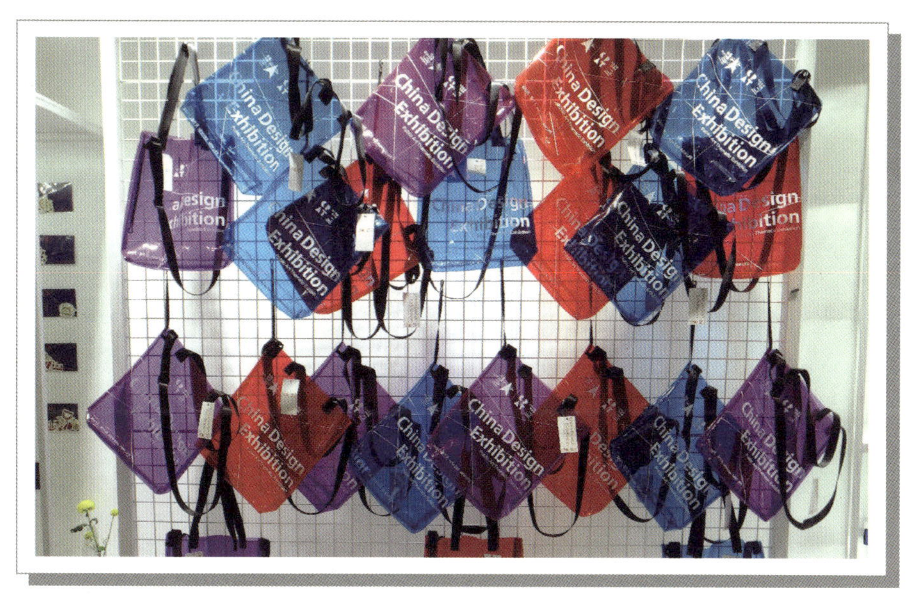

图1-20　第三届中国设计大展活动——纪念品包

如图1-21所示，这是湖北工业大学艺术设计学院四十周年纪念品。根据四十周年活动主题，结合往届师生优秀作品进行设计衍生，在产品品类的选择上也多为设计类学生较为常用的文具，具有较强的实用价值和纪念价值。

图1-21　湖北工业大学艺术设计学院四十周年纪念品

5. 企业与品牌文创

企业与品牌文创指根据企业文化、品牌文化等创作而来的产品，主要用于展示和丰富企业文化、商务礼品馈赠、互联网话题营销等，品牌联名也是目前品牌与品牌之间较为常见的合作模式。如旺仔与国潮品牌塔卡TYAKASH发布联名款（图1-22），旺旺集团把一系列经典、传统和民族化的东西变成新潮的、特色的和大众化的，通过可爱、调皮的形象拉近消费者距离，进一步使品牌年轻化。

图1-22　旺仔与国潮品牌塔卡TYAKASH联名款

二、基于产品的材料工艺分类

材料，泛指人类用以作为物品的原料，是一切自然物和人造物存在的基础。设计师应当熟悉材料的特征，并在设计中运用形式美的法则加以应用，充分发挥不同材料自身特有的美学因素和艺术表现力，使材料各自美感特征相互衬托，以求做到产品的形、色、质的完美统一。在文创产品设计中，对于材料的运用研究主要是从不同的材料能给人带来的不同的情感体验出发。基于此，笔者将产品设计中较为常见的材料进行分类，让设计师更好地了解和认识不同材质的特性。

1. 陶瓷与金属类

（1）陶瓷类。陶瓷是一种人们在日常生活用品中接触比较多的一种材料，被称为“土与火的艺术”，也是人类最早利用的非天然材料。

陶瓷刚度大、强度高，以陶瓷作为主要材质的文创产品，常见的比较多的有摆件、餐具和首饰等。在中国宋朝的五大名窑中所烧制的陶瓷，有形制优美、高雅凝重的特点，对于表现素雅之美有着很好的参考价值。不同工艺也会呈现不同的特点，例如景德镇的白瓷素有“白如玉，明如镜，薄如纸，声如磬”之称，而玲珑瓷因明彻、通透，被称为“卡玻璃的瓷器”。笔者认为，在设计限定材质的时候，应在掌握材质特性的基础上，结合不同生活场景设计，用创新的思维将材质的特性表现出来。景德镇陶瓷大学的毕业设计《流萤集》(图1-23)，利用玲珑瓷通透的特性，与铜钱纹巧妙结合，设计出一系列具有时代感又不失传统韵味的产品。

（2）金属类。从“青铜器时代”到“铁器时代”再到现在的“轻金属时代”，金属材料一直是人类文明史上最重要的结构材料和功能材料。金属材料具有良好的延展性，金属的光泽、色彩和肌理等给设计师提供了良好的发挥空间。作为文创产品设计师，应当了解和熟悉金属材料的工艺，从而做到游刃有余（图1-24）。

图1-23　流萤集（景德镇陶瓷大学　徐鹏辉）

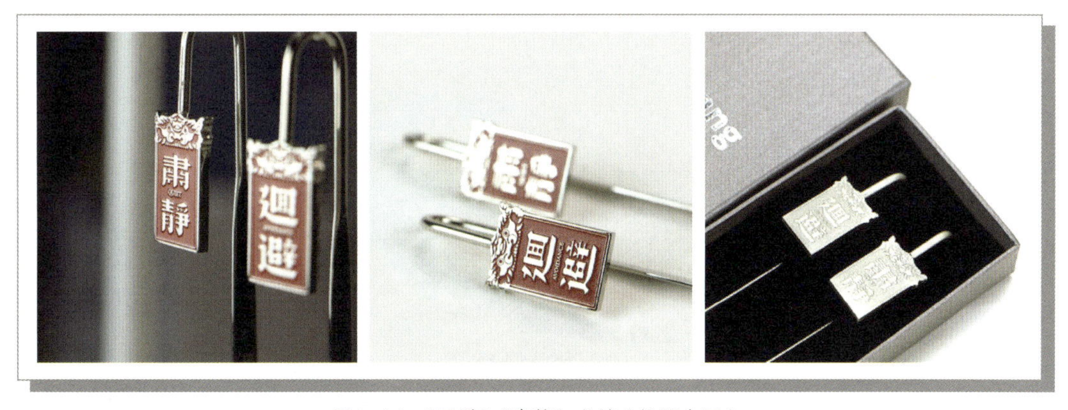

图1-24　“回避”“肃静”书签（艳遇中国）

2.布艺与竹木类

（1）布艺类。布艺是历史悠久的中国民间工艺中的一朵瑰丽的奇葩。中国古代的民间布艺主要用于服装，鞋帽，床帐，挂包，背包、其他小件的装饰（如头巾、香袋、扇带、荷包、手帕等）以及玩具等。它是以布为原料，集民间剪纸、刺绣、制作工艺为一体的综合艺术。如动植物身上的装饰性花卉等，都是通过剪和绣的工艺制作而成。布艺是营造温馨、舒适室内氛围必不可少的元素，能够柔化室内空间生硬的线条，赋予居室新的感觉和色彩。

布艺品的分类方法有很多，如按使用功能、空间、设计特色、加工工艺等分类。不

图1-25 浏阳夏布包（湖南省博物馆）

管用什么材料和加工工艺制作的布艺品，最重要的是用在什么地方和有哪些用途，所以我们通常把布艺品按照使用功能和空间分类。到了今天，布艺有了另一种含义，指以布为主料，经过艺术加工，达到一定的艺术效果，满足人们的生活需求的制品。当然，传统布艺手工和现代布艺家具之间没有严格的界限，传统布艺也可以自然地融入现代装饰中（图1-25）。

（2）竹木类。木材具有易加工特点，是人类最早使用的材料之一，常见于家具、陈设品等。木材给人以生态自然的感觉，有着宜人质感、丰富的色彩和肌理、清新的芳香、柔和的触感等特点。常用木材分为两类：硬木类和软木类。其中硬木又分为，一种是红木，如紫檀、黄花梨、酸枝木、鸡翅木等，这类木头多用于做高档家具或首饰等；另一种是杂木，如胡桃木、樱桃木、榉木等，常用制作家具。

对于木材品类的文创产品设计，应注重考虑对材质从不同维度分类，如从档次、硬度、色彩、肌理等方面分类。根据木材的特性不同，巧妙地借用木材原本的肌理和颜色去设计，可以创造出不同温度和情怀的产品。苏州博物馆的“山水间”文具置物座，利用木头来代替片山假石，赋予了文创产品自然的温度感（图1-26）。

图1-26 “山水间”文具置物座（苏州博物馆）

3. 塑料与玻璃类

（1）塑料类。塑料是一种相对来说历史较短的材料，第一代塑料于1868年问世，随后发展迅猛。塑料具有易成型、成本低和质量轻等特点，具有优良的综合性能，被广泛运用带家电外壳、办公用品和装饰等，在中低端纪念品市场较常见到。

（2）玻璃类。玻璃与陶瓷一样，是一种脆性材料。玻璃的抗张强度较低，但硬度较大，玻璃还具有许多独一无二的优点，被广泛应用到望远镜、眼镜镜片、梳妆台灯等的生产中。它还能制成酒杯、灯泡、建筑物的幕墙，也能成为价值较高的艺术品。近年来，陈设工艺品这一块越来越多人关注，其中有很大一部分的工艺品造型由玻璃来实现（图1-27）。

图1-27　玻璃花瓶（anna torfs，捷克）

4.泥塑与皮革类

（1）泥塑类。泥塑，俗称“彩塑”。泥塑艺术是中国民间传统的一种古老常见的民间艺术。即用黏土塑制成各种形象的一种民间手工艺。制作方法是在黏土里掺入少许棉花纤维，捣匀后，捏制成各种人物的泥坯，经阴干，涂上底粉，再施彩绘。它以泥土为原料，以手工捏制成形，或素或彩，以人物、动物为主。泥塑在民间俗称“彩塑”“泥玩”。泥塑发源于陕西省宝鸡市凤翔县，流行于陕西、天津、江苏、河南等地。中国传统泥塑多姿多彩，而在新时代的背景下，泥塑的创新应该符合当下的生活场景和审美。洛可可为腾讯互娱设计的腾讯礼物，即选择的凤翔泥塑进行创作（图1-28）。

图1-28　腾讯礼物（洛可可设计）

（2）皮革类。本文所说的皮革是指天然皮革，也就是人们常说的真皮。皮革是比较昂贵的材料，近些年来越来越受到中高档消费群体的追捧，皮革制品也越来越多地应用到更多的生活场景。皮革的类型不同，其特点和用途也各不相同。例如牛皮革面细、强度高，最适宜制作皮鞋；羊皮革轻、薄而软，是皮革服装的理想面料；猪皮革的透气、透水性能较好。

三、基于产品的市场需求分类

1. 消费型

消费型文创产品是指能被消费者快速消耗，不适宜长时间保存的文创商品。常见的有土特产与农副产品，一般来说与食品相关的比较多。此类产品会让消费者在游玩途中或回家后会快速消耗，但因产品的有较强的文化属性和鲜明的个性，从而强产品的好感度和忠诚度，会让消费者产生重复购买行为甚至愿意推荐给亲友。

在过去，农民在生产完将大批物资交给中间商，中间商通过压低生产价格，农民的获利较少。“掌生谷粒”是我国台湾地区的一个农产品品牌，它取代了中间商的地位，让产品直达消费者，农民获得了更高的利润。掌生谷粒通过创意的包装、感人的文案，表达了其美好的初衷和善良的模式，同时传达了台湾独有的人文风土人情。掌生谷粒所有的设计都有故事，传达了产品的初心，这也是文创产品应有的初心（图1-29）。

图1-29　台湾农产品文创品牌“掌生谷粒”

2. 保存型

保存型文创产品一般具有较强的纪念性，会带有时代、地域或者是某种精神的印记，同时能被消费者长期保存。保存型文创产品种类较多，从实用性产品到摆件，从使用频度高的使用频度低的，也许消费者会因为忙碌而忽视产品，但每当消费者使用或者欣赏产品的时候会想到产品背后的故事。

“猫王”收音机以电台文化为出发点，由50年北美胡桃原木，全手工打磨铸造。每一台都有独立编号，每一台都可以说是世界唯一。2016年年底，“猫王”全系产品创下上亿销售额，同比增长700%，如今“猫王”每月可创数百万元利润，2017年销售额突破3亿元。对于文创产品的而言，并不需要讨好所有人，只要抓住文化的本质，将其表现得淋漓尽致，就有可能打造“现象级”产品（图1-30）。

3. 馈赠型

馈赠型文创产品，往往代表赠予方的地位和价值认同，一般来讲做工比较精致、大气和文化内涵丰富等，如国礼常体现国家文化，商务礼品蕴涵企业文化。此类文创产品通常为中高端产品，具有很强的象征意涵，国礼级别产品一般具有唯一性、不可复制性。

洛可可为百度设计的文化礼品，“搜索”及“熊掌”的标志和传统佳节小吃的月饼结合，设计出了“五感YUE饼”。借助五感设计全面调动人感官，将传统节日变成一种多维度的感官体验和文化滋养。不只是固有形态产品，更融入个性化参与和体验，让中秋节更具惊喜。同时象征百度搜索“YUE”会呈现出多种可能性。“百星不如一月，携手与你共度”恰到好处又巧妙地将“百度”及“中秋”结合到了一起（图1-31）。

图1-30 “猫王”收音机

四、基于产品的功能分类

商品开发种类多样及功能众多，例如博物馆在针对商品研发部分会着手于销售、礼品馈赠、公关及活动宣传等市场需求，以供消费者广泛选择。以功能面来区分，文化创意商品包括：生活实用类（服饰、饰品、文具、生活居家、食品）；工艺品类（装饰性工艺品、实用性工艺品）等。

由于商品种类繁多，且以往的商品大多同质化严重，而在新时代的消费观趋向于个性化、差异化。因此，在设计商品上可以增加与以往商品不同的功能性，且要具有创意元素和明确的文化内涵。

图1-31 百度礼物（洛可可设计）

Cultural and Creative Product Design

02 Chapter

第二章

文创产品设计与创新

本章系统介绍了文创产品设计中的思维基础和创造心理。其中重点是让学生掌握文创产品设计的创意方法和基本思维模式；在形态创造中尊重文化、语义、符号与隐喻等各方面的原则。

第一节　创新是文创产品的灵魂

文创产品是指具有文化内涵的创新性产品，其核心要义是对文化内容进行创新性转化。

产品创新既是文创设计的目的又是设计的手段，在文创产品设计活动中处于核心地位。创新为文创产品设计注入了新的生命力，在市场竞争日趋激烈的今天，文创产品设计的创造力成为企业取得竞争优势的重要条件之一。创造思维是文创产品设计的重要组成部分，是研究文创产品设计创新、拓宽文创产品设计思路的重要突破领域。把握产品创意心理、突破文创产品设计思维对于文创产品设计而言具有较为深远的意义和作用。如图 2-1 所示，即为创意新颖的水龙头设计。

图2-1　创意新颖的水龙头文创产品设计

一、在满足需求的前提下创新

1. 满足行为水平的创新

美国认知心理学家唐纳德・A. 诺曼（Donald A.Norman）先生将设计分为三类：本能层（visceral）设计、行为层（behavior）设计、反思层（reflective）设计。前两种层面上的设计主要是针对工业产品设计而言，“优秀的行为水平的文创产品设计应该是以人为中心的，把重点放在理解和满足使用产品的人的需要上。”当然，行为水平的文创产品设计主要是针对在操作过程中的产品的功效性，即操作的功能和操作效率。文创设计师应该

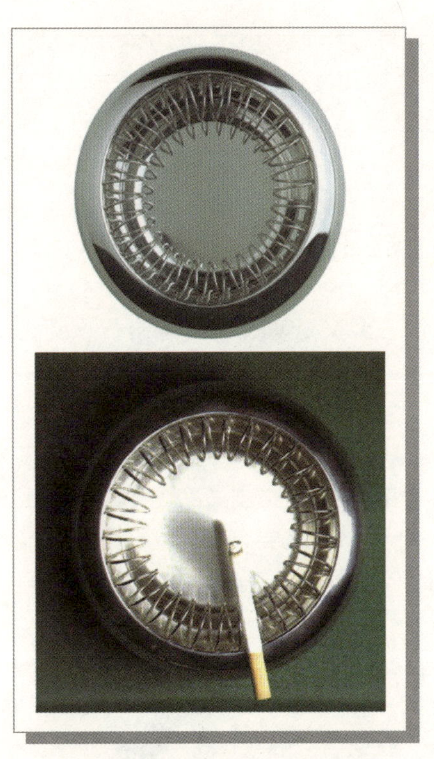
图2-2　强调安全性的烟灰缸

清楚怎样才能达到预期目的。就行为满足而言，安全性是前提，实用性是基础。

（1）保障安全性的创新。安全性是操作的基础，文创产品设计的安全性是其经济性、可靠性、操作性和先进性的综合反映，是文创产品实现其经济战略的前提条件。文创产品如果存在安全隐患，就会直接危及产品的使用者，对人构成伤害或存在伤害可能的产品都是不符合设计原则的。如图2-2所示，是强调安全性的产品设计。

（2）兼顾实用性的创新。文创产品设计应当符合人类不同实际活动的需要，为人们提供舒适方便的使用环境，保证使用目的的实现并不会引起歧义。

文创产品设计应最大限度地满足不同层面使用者的共同要求，产品应该尽最大可能面向所有的使用者，而不该为一些特殊的情况作出较为勉强的迁就，这是文创产品设计的通用性。通用文创产品设计是一种包容性设计。如图2-3所示，是典型强调实用功能的座椅。

图2-3　强调实用功能的座椅

2.技术进步与创新

技术进步是文创产品设计发展的前提和基础，就文创产品设计而言，科技的发展促使产品不断更新换代，提高了人们的审美观念，同时也极大地改变了文创产品设计手段和设计程序，使设计观念发生革命性的转变。计算机的诞生标志着文创设计进入全新时代，并行的设计系统结构应运而生，文创产品设计、价值工程分析与制造的三位一体化，使文创设计师的道德意识、团队意识及知识结构都面临新的挑战。技术进步必然牵动产品设计的创新，并大致分为以下三种类型。

（1）全新产品，称为原创型文创产品设计。全新产品的开发主要是针对文创产品设计概念的开发和技术研发。这种文创设计与开发周期较长，承担的风险也较大，但新产品研发的成功也会伴随巨大的经济效益而开辟出一个全新的市场领域。科技进步是促使新产品出现、老产品退出历史舞台的最终决定因素。如图2-4所示的设计精巧的“大气层”风扇，是一款全新的产品。

图2-4 巧妙的“大气层”风扇（Alessi设计）

（2）改良产品，也叫次生型文创产品创新。这是一种纵向发展模式，目的是使产品克服既存问题，趋于性能完整和完善。这种改良文创设计是建立在原有产品被受众认可的优良功能基础之上的，主要目的是为了解决用户反馈的问题。如图2-5所示，即为次生型文创设计的电脑机箱。

（3）产品的联盟与合并。这是一种横向联合的过程，通过文创产品设计和制造系统的整合达到创建新产品的目的。经济的全球化必然带来企业生产和制造机制的改变，效益、效率，市场份额在遍布全球的各分散点的合力。如图2-6所示，即属于联盟合并型产品。

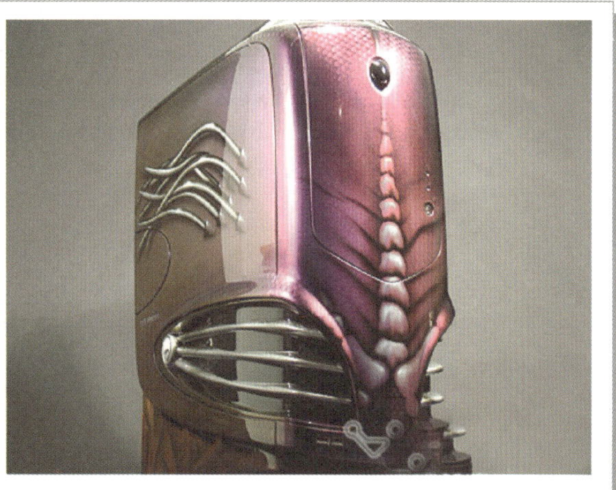

图2-5 纯美风潮，逼真质感的次生型设计——电脑机箱

图2-6 联盟合并型产品

3.流行、从众与创新

流行是指一个时期内在社会上流传很广、盛行一时的大众心理现象和社会行为。流行现象是文创产品创意心理研究的重要内容之一。流行与市场及文化等紧密相连，成为文创产品设计师构思的必需渠道。

流行是多个社会成员对某一事物的崇尚和追求，所以流行具有群体性；但它却是一种以个人方式展现的社会群体心理，因此也具有个体性。

新奇性是流行三大特征的首要特征，也是最显著、最核心的特征。文创产品设计师通过创造反映时代特色的新奇来满足人们的求异心理。如图2-7所示，即为追求新奇的产品设计。

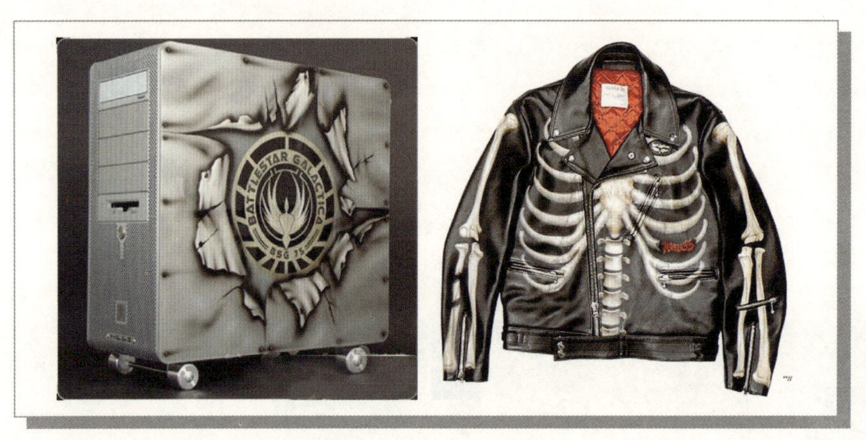

图2-7　新奇的流行设计

文创产品设计创作的出发点，是对受众求新、求异心理的捕捉。文创产品设计具有极强的社会属性，设计活动需要服从于社会机制。流行的强烈的暗示性和感染性会将群体的引导性或压力施加在个人的观念与行为上，使个人向多数人的行为方向变化，从而产生相一致的消费倾向，这种从众心理带来的直接后果就是从众消费行为。

文创产品设计师应该具备获取并及时调整和引导流行诱因的能力，对公众的求异心理及行为倾向进行深度剖析，及时捕捉创新元素，并借助于一定的传播媒介引导公众共同创造流行。如图2-8所示，即为造型、纹样轻松可爱的流行性文创产品设计。

图2-8　轻巧的流行设计

文创产品设计往往具有独特的情趣和审美倾向，有时甚至是诙谐的、幽默的。也许这就是文创设计存在风格的本质条件，它深深地打上了文创设计师、设计环境、设计国度和特定地域的烙印。这种异己的特质有可能深深地打动观者，使之在情绪上作出反应。如图2-9所示，即为诙谐、幽默的另类产品设计。

图2-9 诙谐幽默的另类设计

二、符号、隐喻与创新

1.隐喻与创新

“隐喻”（metaphor）本出自希腊语，第一个明确谈及“隐喻”的是古希腊的亚里士多德，恩斯特·卡西尔发展了对隐喻的理解，指出隐喻包含着一种创造的意蕴，是一种意义生成过程。隐喻成为被重新认知的另一种思维方式，“由此及彼、由表及里地描绘未知事物；新的关系、新的事物、新的观念、新的语言表达方式由此而来”。隐喻是一种内在真实体验的表达，文创产品设计中的隐喻穿过表面具象形态，直接指向深层内涵（图2-10）。

图2-10 想象与隐喻

心理学隐喻的存在并非偶然。精确性、客观性和明确性的逻辑思维和科技理性一直统治着心理学科学的发展，然而心理学不仅仅只停留在可感知的心理现象层面上，隐喻与符号已是不可忽视的心理学研究对象。

产品外延意指即产品表达其使用机能时所借助的形态原则或事物，是直观的、理性的、具有确定性的外显式信息。符号的外延即符号与其代表、指示的事物之间的关系。在文创产品设计的过程中，设计者常以产品使用机能性为依据，运用某些与该机能相关的形态或事物，使作为符号

图2-11　符号外形想象与隐喻

载体的产品所指示的功能具体化、物质化，直观地表明文创产品设计的显性含义，直接说明文创产品设计的具象信息。如图2-11所示的文创产品设计，即表现了符号外形想象与隐喻。

与产品外延意指相对应，产品内涵意指即指产品作为一种信息的载体，在表达其物质机能的同时，亦在一定时间、地域、场合条件下，对解码者呈现出一定的属性和意义。在符号系统中，符合内涵是精神的法则、规律，思维上认知、联想的一部分。产品文创产品设计中，常以编码者传播、解码者认知的需求赋予产品特定的属性。内涵意指传递的是一种感性的、具有不确定性的信息，需要通过人类特有的认知系统来发掘其超出具象物质内容的信息。它是一种“弦外之音”，需要参观者的主观精神参与，但由于个体存在主观能动性的差异，因此，内涵意指就具有了无限性、开放性和动态性的特点，也就是我们通常所说的“只可意会，不可言传。”如图2-12所示的产品设计，即表现了外延意指的想象与隐喻。

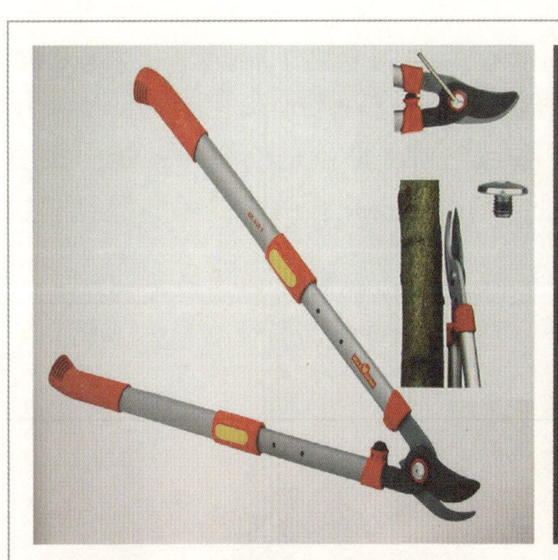

图2-12　外延意指的想象与隐喻

现代文创产品设计中，形态文创产品设计要素不仅具有外显性，其内隐性，即内涵性意义更成为现代文创产品设计追逐的精神品质。文创产品设计体验诠释着观赏者和使用者的自我形象、社会地位，其深层感悟往往标志着一定的社会意义及历史文化。显而易见，这种“意义创造”就是对事物另外视角的深层次的观察、理解和探求，就是对文创产品设计产物的情感属性的深度剖析，寓情于物，在消费者中引起思想和情感的共鸣。如图2-13所示，为丹麦产品设计师雅各布森设计的蛋形椅和蚂蚁椅，都是经典的隐喻性产品设计。

图2-13　丹麦座椅设计经典欣赏

隐喻是一种内在真实体验的表达，尽管这种表达不像逻辑语言般清晰明朗，但它是人类表达心声、释放灵魂、创造物质世界的根基和直接动因之一。所以，隐喻必然具有人类的另一属性特征——社会性。如果我们把以上关于隐喻中的情感体验作为个体的情感特征来阐述，那么，隐喻的社会性即表明人类的共同社会性质，其社会性亦成为文创产品设计的成因之一，也就是说，文创产品设计在某一层面上反映了当代社会现状。

2. 文化情结与创新

创造在心理学中被视为一种思维活动，是对问题情境的思考萌生过程的阐释。创造离不开思维，离不开思维主体——人。创造与人的独立性息息相关，人的性格、智力、意志等都将深刻影响着人的创造机制。心理学的文化因素是人性特质形成和创造行为的决定因素之一。

文创产品设计本身就是一种文化，同时也创造着新的文化。文创产品设计师通过其自身的创造活动——文创产品设计，将文化特性具象化、实体化。文化是文创产品设计的灵魂，是文创产品设计的隐性语言之一，优秀的文创产品设计总是体现着文化精神，民族、地域的文化特色成为文创产品设计师创意的源泉。文创产品设计师所从事的文创产品设计行为是一种文化创造行为，文化与文创产品设计关系的紧密程度好像是“根与植物”的关系。通常优秀的文创产品的设计作品不仅具有简单明了的外在形式，而且一定蕴涵了深层的文化内涵。如图2-14所示，是意大利产品设计师埃托·索

图2-14　意大利设计师埃托·索托萨斯作品

图2-15　倡导生活方式的经典榨汁机

托萨斯的作品，体现出意大利文化的自由和多元。

文创产品设计的实质是创造一种更健康、更崭新的生活方式，是一个将抽象概念转化为具象美感实物的过程。在理念物化的过程中文创产品设计师的文化背景深刻地影响着文创产品设计行为，也直接影响到文创产品设计元素的组合架构。如图2-15所示，这是一款倡导全新生活方式的经典榨汁机。毋庸置疑，很多的文创产品设计作品都是由于文创产品设计师的情感和灵魂被伟大的民族文化所深深吸引和震撼，进而将这种对文化的依附情感通过文创产品设计符号传达给最终的文创产品设计享用者。文化承载着文创产品设计师的文化情结，并通过文创产品设计符号完成传递过程。中华民族特有的传统文化是我们开发现代文化和现代文创产品设计的巨大资源和宝贵财富。

文创产品设计师需要真正理解和消化特定地域的传统艺术，追根溯源地把握传统文化的精神内核，并将其融入我们的文创产品设计之中，在重新整合的基础上注入新的形态艺术元素，以创造出更具民族精神和美感的文创设计作品。一件产品的设计如果要更贴切地反映时代或引领时尚，必须以传统文化为源点，清晰了解其来龙去脉，并预测其趋势走向。民族文化为文创产品设计提供丰富的源泉，从民族文化中撷取创意元素定会给用户带来意外的惊喜。如图2-16所示，就是传统产品设计中非常经典的长信宫灯。该作品设计将造型、功能和环保因素系统考虑，值得我们很好地学习和借鉴。而图2-17、图2-18，则是现代西方经典的PH5灯具设计，与长信宫灯相比较，前者代表不同文化与风格。两种代表不同文化与风格的灯具交相辉映、异彩纷呈。

图2-16　长信宫灯

图2-17　PH5灯具（1）

图2-18　PH5灯具（2）

三、潜意识与创新

人脑接收信息分为有意识和无意识两种方式，两者都是心理智能活动。有意识的接收是指有知觉地接受外在刺激并获取信息，无意识的接收则是指无知觉的情况下对信息的获取。潜意识是“隐藏在人的大脑深层的各种奇妙的心理智能活动”。是人类具备但却似乎忘记了的自身能力，换句话说，是未被开发和利用的能力。

潜意识思维主要指的是直觉思维和灵感思维。

灵感是一种奇妙的、具有强大创造力的心理现象，同时具有强大的探索和开发功能。激发灵感首先需要构建、丰富并完善自己的信息系统，积累知识和生活经验作为信息储备。这是灵感产生的基础。构建自己的知识体系和信息结构对文创产品设计师来说是至关重要的，这不仅涉及到灵感的产生、创意的爆发，还关系到文创产品设计能力、技巧和个人品格的完善。如图2-19所示，是日本设计师五十岚威畅的作品，有效利用了字母的对称结构，只创作一半显形元素，而另一半则借助反射材料的特性让观者去再创造。

图2-19　日本设计师五十岚威畅的作品

信息、源文化统称为“现有素材”。敏锐的观察力、执着的思索、平时的关注在大脑里早已进行了分解、整合、重组，成了一种潜意识，是奇珍异宝。进行文创产品设计时，它们会源源不断地被激发出来，厚积薄发，成为属于文创产品设计师自己的宝贵财富。

四、时尚心理与创新

时尚（fashion）与前面阐述的从众行为关系紧密，从众往往导致时尚，它是与文创产品设计关系异常紧密的一种重要的社会心理现象。时尚是既定模式的模仿，它满足了社会调适的需要；它提供一种把个人行为变成样板的普遍性规则，但同时它又满足了对差异性，变化、个性化的要求。如图2-20的背包、图2-21的时尚休闲鞋、图2-22的时尚的打火机和移动存储盘，这些少男少女们的随身产品，既满足了个性的需求，又能大批量的生产。

图2-20　时尚背包

图2-21　时尚休闲鞋

图2-22　时尚的打火机和移动存储盘

时尚形成经过两个阶段。第一个阶段是变动的阶段。较高阶层或者知识资本雄厚的精英分子率先通过内容变动来拉开他们与一般大众之间的差距，这是时尚的萌芽阶段，它发生在时尚成为流行的前端，比如，每年的时装发布会推出的最新时装，它们是最时尚的服饰，但还没有流行起来。许多精英人士追求“时尚”，但他们又同时认为“凡是流行就是庸俗的”，他们不屑于与别人共享同一物品，始终要引导潮流的走向，他们的乐趣在于始终与一般消费者保持不远不近，又先于他们的距离。第二个阶段是时尚形成并泛化的阶段。当时尚发布后，较低阶层或者其他向往更高知识等级的人开始模仿时尚，这导致了时尚的泛化，只能流行一时而最终走向终结。

结合阶层消费等方面的理论，我们将时尚产生的生理机制和社会心理机制归纳为以下三点。

第一，为了满足他们突破现有生活方式、社会角色的束缚，向较高阶层靠拢的需要。

第二，满足他们求变求异的心理需要。

正如美国心理学家麦独孤《社会心理学导论》中提出的“本能论”，他认为求知本能与好奇情绪都是人类的本能和基本情绪之一。如图2-23就是本能心理与好奇心理相结合的时尚制品。

第三，就是前面所说的从众的需要，一种害怕偏离的心理和对群体归属感的渴望。

个体的心理因素是导致时尚的不变因素，而时尚本身既是文创产品设计的社会环境因素，同时它自身也受到社会环境的影响和制约，因此它的形成本身就是社会环境对于文创产品设计影响的体现。比如，人们渴望变化，但如何变化，或者哪些变化能成为时尚却有着鲜明的时代特征，受当时整体社会情境的影响和制约。社会情境包括了生产水平、经济、政治、外交、文化等多种因素。时尚形成具有显著的社会因素和时代特征，对于中国人的时尚影响最大的因素有以下几个。

（1）政治因素：例如知青文化、各种外交政策、文化政策等。

（2）文化因素：电影、电视对于中国人的时尚具有非常重要的影响，此外还有参照群体，主要是影视明星、体育明星等。如图2-24所示是一款体现20世纪90年代后年轻一代对时尚娱乐文化的热衷追求的文创产品设计。

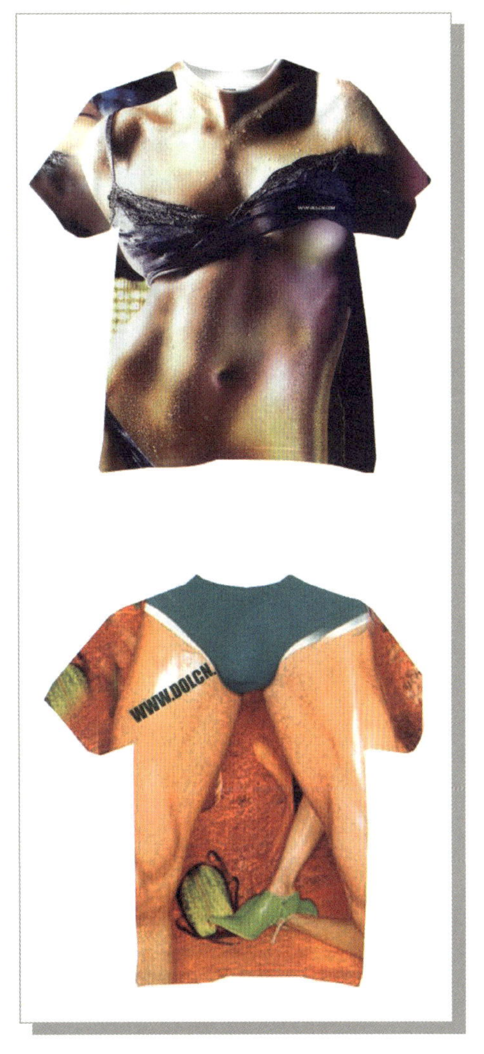

图2-23　本能心理与好奇心理相结合的时尚制品

图2-24　时尚娱乐设计

（3）经济因素：生产水平提高，科技进步。

（4）外来文化的影响。

五、文化差异与创新

文化是一个非常复杂的概念，它是指社会成员通过社会交往而不是生物遗传继承下来的全部，包括在社会化过程中，由社会一代代传下来的思想、技术、行为模式、宗教仪式和社会风俗等，是人们习得的信念、价值观和风俗的总和。文化像一只无形之手，人们不一定清晰地知道它对我们心理活动和外在行为的巨大影响，但它的确自然而自动，并且根深蒂固地左右着他们的一举一动。

文化一般包括以下要素：认知和信仰要素、价值观和规范，语言和符号，仪式。文化的存在是人类社会发展和人的社会化的必然，它给人类的社会生活提供秩序、方向、规则和指导。

因此文化具有复杂性、多样性和发展性，人们在与持有不同文化的人接触时，往往会更加清楚地发现文化差异。

从消费者的角度看。文化对于文创产品设计的意义在于，文创产品设计所涉及的物品、环境和视觉符号都可以称为“文化细节”。文化定义了人，文化细节的差异使不同人之间的差异外显，换言之，物品、环境和符号，这些原本是人为自己服务而造出的物被异化，成为定义人及不同群体的特征的重要依据。因此，人已经不能随意选择物，而不得不根据自己的文化背景选择自己使用的物品、栖息的环境等。多数情况下，人们会选择与他们的文化背景相吻合的物品或服务。如图2-25所示，这是一件古典奢华的黄金工艺精品，体现了典型贵族文化特色。而图2-26是现代大师科拉尼的仿生作品，体现了简约单纯的现代主义风格。

从文创产品设计主体的角度看，文化对于产品设计的意义在于，文创设计师面对的是广阔而多样化的消费市场，消费者具有不同的文化背景，有自己的文化偏好和禁忌，当文化不同时，其差异主要体现在人的品位上。不同文化背景的消费者对同一产品性能的要求基本类似，而对由于文化所导致的产品特征的需求却截然不同。

文化差异在设计师进行跨文化设计（例如为跨国公司做文创产品设计）时，显得尤为重要，如果不加重视，很可能导致重大的设计失误。

如前面所说，文化的差异将整个社会中的人细分为小的亚群体（亚文化），同一亚文化的成员具有较为接近的种族起源、风俗习惯、行为方式等。文创设计师通过对某个特定亚文化群成员的特征进行调查，可以对该亚文化群体成员的消费心理进行有效的预测，这在市场开发和新产品设计中非常重要。

文创设计师该如何针对不同文化背景的目标消费者进行有效的设计，将失误降低到最小。作者认为应从以下几个方面入手。

（1）避免自我参照标准。

（2）在文创产品设计的前期准备中做一定的文化调研，调研方式和过程参见本书第四章的研究方法。

（3）认知、理解、接受和尊重不同文化之间的差异，尤其小心应对对方文化中的禁忌。

（4）不要试图将一种文化强行移植到另一种文化中，但可以发挥文化的移情作用。

图2-25　黄金压纹盘

图2-26　科拉尼的仿生设计

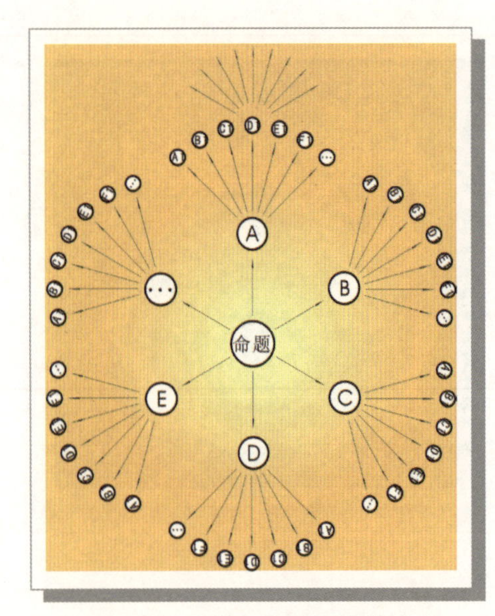

图2-27　理性、有序的思维模式

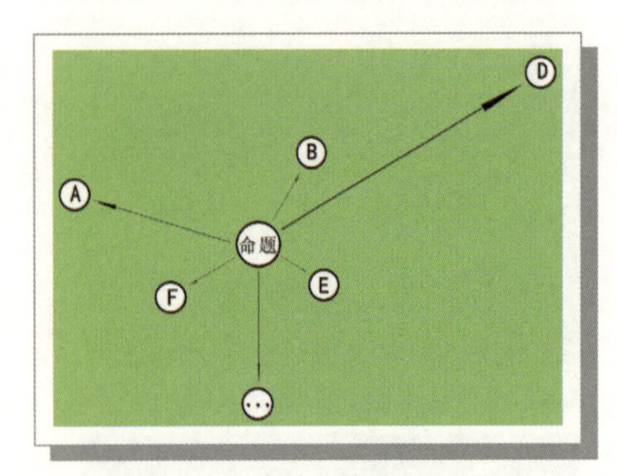

图2-28　发散性思维模式

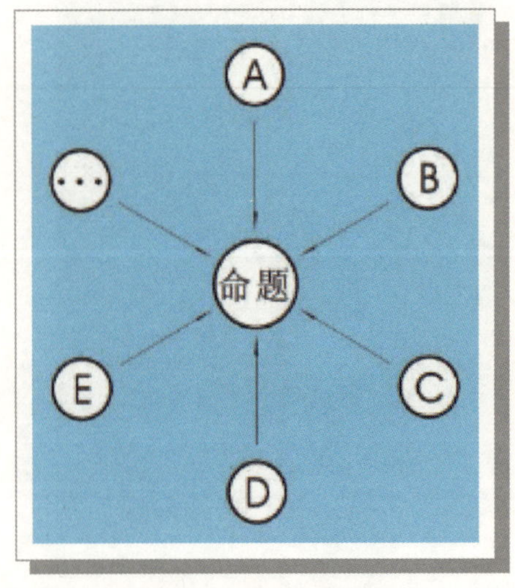

图2-29　聚敛性思维模式

第二节　创意思维的基本模式与手段

一、创意思维的基本模式

1.发散性思维

发散思维又称求异思维，是把问题的"点"引向"面"的思维，是围绕一个问题向不同方向、角度，全面扩散的思维方法，是寻求多种解决途径的思维。其思维特点是限定条件，而不限定结果，它的核心是对信息尽量产生多个发散点，即创意点。其交叉创意点越多，创意点越具有开放性和开拓性，达到文创产品设计目标的可能性就越大。发散思维是文创产品设计的基本思维，通常运用类比联想的手段，根据事物在某些特征上的相似，从而推断出其他特征的关系。发散性思维作为推动文创产品设计向深度和广度进军的动力，是文创产品设计思维的重要形式之一。如图2-27所示，该设计体现了理性、有序的思维模式。

发散性思维，关键是要能打破思维的定势，改变单一的思维方式，运用联想、想象等尽可能地拓展思路，从问题的多个角度、多个方面、多个层次进行灵活、敏捷的思考，从而获得众多的方案。如图2-28所示，该设计体现了发散性思维模式。

发散性思维是创造思维的主要因素，它要求文创产品设计者充分发挥想象力，突破原有的知识圈，从一个点向四面八方延伸，使人处于一种积极主动的探索状态。

2.聚敛性思维

与发散性思维相反，聚敛性思维就是调动各方面的元素，指向问题的核心。在以图形为主的文创产品设计中，聚敛性思维最直接的表现就是将各种信息元素巧妙地同构起来，构成一个耐人寻味的全新视觉形态。如图2-29所示，该设计体现了聚敛性思维模式。

聚敛性思维是针对要研究的客观对象，把分散的客观事物以及一切可以利用的资源、信息组织汇总起来，按照特定路线轨迹展开理性思维的文创产品设计过程。聚敛性思维的核心是对信息进行判断和选择，把问题由面引到点，针对问题探求一个正确答案的思维方式，又称复合思维和求同思维、汇合思维。发散思维所产生的各种设想是聚敛性思维的基础，聚敛性思维的最终目的就是要通过创意的手段让人接受所表达的信息，准确地选择文化符号去传达该产品信息，把众多的图形方案都集中指向最终的、最好的结果。

3. 独创性思维

在视觉艺术思维的领域中，艺术的创作总是强调不断创新，强调个性的表现，归纳起来为独创性思维。任何艺术作品，如果没有独特的个性特征，就容易流于平淡，落入俗套。个性表现是艺术生命之所在，艺术创作的审美需求是不可重复的，对于同一个艺术形象，每个人的感受是不同的，每个人都有自己的审美体验，由此体现出人们的个性特征。

文创产品设计师在创作中看到、听到、接触到某个事物的时候，尽可能让自己的思维向外拓展，敢于破除清规戒律、提出新的问题，找出与众不同的看法和思路，赋予其最新的性质和内涵，使作品从外在形式到内在意境都表现出作者独特的艺术见地，都属于独创性思维的集中表现。独创性思维不接受程序化问题的前提，而是崇尚新颖的问题结构。通过不落于俗套、标新立异、独辟蹊径的方式将思维可视化，使文创产品设计具有新意。

4. 连动性思维

连动性创意思维可以引导人们由已知探索未知，开拓思路。连动性创意思维表现为纵向、横向、逆向连动。纵向连动是针对某现象或问题进行纵深思考，探询其本质而得到新的启发。横向连动则通过某一现象联想到它的特点和与它相似或相关的事物，从而得到该现象的新应用。逆向连动创意则针对现象、问题或解法，分析其相反的方面，从顺推到逆推，从另一角度探索新的途径。在创意过程中，连动性创意思维思考问题时表现为“由此及彼”“举一反三”“触类旁通”，在元素与主题之间营造一种内在的必然联系。从不同层面、不同领域进行思考，将各种元素加以综合运用，分析问题，开拓思路，使主题与元素发生相应的转移。意念产生相互的融合，连动性创意思维可以将无形的理念和心理状态转化为一种具体的视觉形象，也可以通过连动思维将具体的创意元素转化为抽象的、概念性的创意理念。连动性创意思维模式是现代文创产品设计创意的常见手法，特别是在多媒体、数字化时代的今天。情节化、一环扣一环、举一反三、触类旁通、从二维到三维、从具象到抽象的思维与形体的变化是连动创意怀的主要特点。

连动性创意思维创作中，由具象形体通过思维的连动而变成为抽象形象，再由抽象形象转换为另一个具体形象的变化过程，形的连动转变使形象巧妙转变，也使含义发生转变，该手法将广泛应用于21世纪的新媒体及故事性文创产品设计中。在形态的连动变化中，作为图画中的图形意义也随着变化，并与起始完全不同。由具象到抽象再到具象，也就是由甲到乙再到丙的连动过程。

5. 虚构性思维

“虚构”作为创意的一种思维方式，要充分发挥想象力对客观事物进行主观分析，再以形象代替理念，虚构在创意思维过程中是由一种假设开始，古今中外一切文学艺术作品都离不开虚构的思维方式。如《梁山伯与祝英台》中的“化蝶”就表现了至死不渝的爱情。充分发挥想象力有助于打破原有的联结方式的格局，从新的角度去看待事物，拓展思路，激发创造性思维。创造性想象是以记忆想象为基础的意象的自由组合，它把实际上并不在一起的事物从观念上合在一起，从而实现了新的形象的创造，是不依据现成的描述而独立地创造新形象的过程，是在系统模式和网状模式的基础上，发挥个人的潜在创造力对概念联想进行的创造的联想，包含了随机联想模式，是可控制的，具有清晰的功能目标，由强烈的创作欲望和需求作为推动力。创造联想还能够发现那些关系极远、十分混杂、看起来并不相似的对象之间所隐藏的相似性，从而在思维上把两个对象联系起来。毕加索说：“艺术家必须懂得如何让人们相信虚构中的真实。”这是因为艺术的真实不等于生活的真实，艺术是对生活的深刻理解和高度概括的表现，虽然虚构的思维方式不是生活中的真实，但却更深刻、更全面地反映客观现实。

无中生有，客观分析，主观表现，出奇制胜，超越想象。以假设为前提，在客观形象上以形变为基础，使意义得以升华。虚构可以从观念切入创意，并且通过视觉元素之间的相融形成相异性。创意不只是追求生活的真实性，更可以通过形态的特征、特性或状态的嫁接，产生更具感染力的形象，从而更好、更有力度地传达信息。图形的虚构可对常态的形象进行局部的变化处理，使其变化规律形成秩序，使图形在形象上更具冲击力，在含义上更含蓄，具有深刻的意义。

6.综合性思维

综合创意性思维是指在文创产品设计创意中，将宇宙万物中的造型元素进行综合思考，是抽象性思维、形象性思维的有机统一。利用直接或间接的联想形式，有目的地进行系统化组合，加强形象的表现，创造新的概念，寻找新的联系。创意元素来自万物，却又超越万物，它使想象力得到最大的发挥。创意元素得到最大的发现，从而让创意更加深入人心。例如：海报设计中的图形设计是一个跨越时空的创意，利用综合性的创意思维方式将各种不相关的创意元素联系在一个特定的空间之内，生动地表现了主题。运用独立、单纯的形象传达复杂的信息内容，可以使信息更加简洁、易记、易识别，这是现代传播最为重要的形式，也是现代图形设计普遍呈现的风合不仅可以获得全新的、有奇异视觉效果的形象，还可以创造全新的意趣和诗意。文创产品设计师如果在自己专业领域基础之上，借鉴其他艺术门类及其他相关学科甚至不相关学科，相互启发，开阔思路，可以创作许多优秀的艺术文创产品设计作品。

从多方位、多角度，立体交叉综合思维而产生的复合性思维，多侧面的形象化视觉表现。从形象的透视、大小、质感、媒质等多角度进行想象。综合性创意思维方法可将客观事物运用各种思维方式进行综合运用。

二、思维拓展的基本手段

1.脑力激荡法（BS法）

“脑力激荡法”又称“智力激励法”“BS法”等。脑力激荡法的发明者是现代创造学的创始人、美国学者阿历克斯·奥斯本。奥斯本于1938年首次提出脑力激荡法，原指精神病患者头脑中短时间出现的思维紊乱现象，病人会产生大量的胡思乱想。奥斯本借用这个概念来比喻思维高度活跃，打破常规的思维方式而产生大量创造性设想的状况。脑力激荡法的特点是让与会者敞开思想，使各种设想在相互碰撞中激起脑海的创造性风暴。其可分为直接脑力激荡和质疑脑力激荡，前者是在专家群体决策基础上尽可能激发创造性，产生尽可能多的设想的方法，后者则是对前者提出的设想，方案逐一质疑，发现其现实可行性的方法。这是一种集体开发创造性思维的方法。如图2-30所示，即为脑力激荡法模式图。

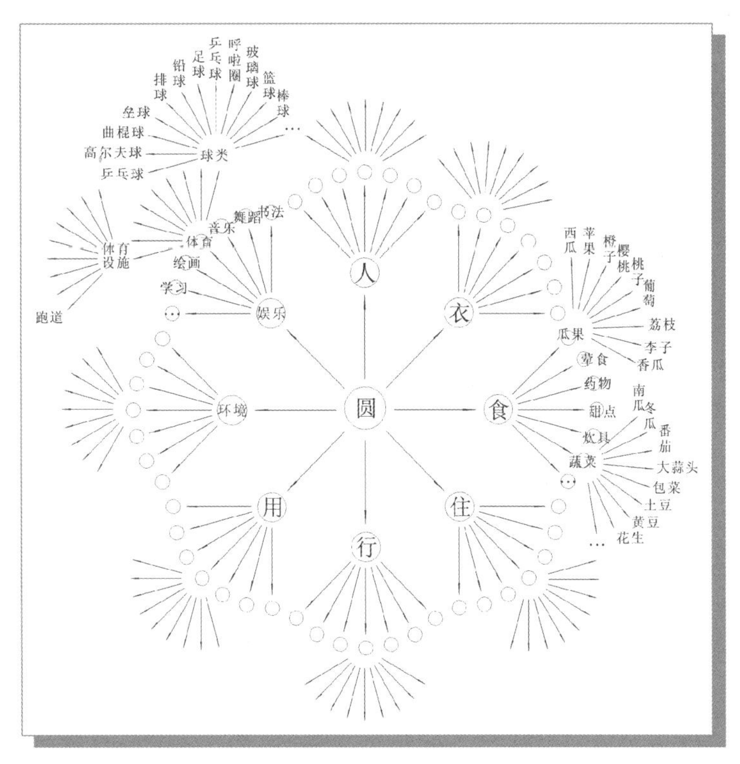

图2-30　脑力激荡法

2.类比法

刘勰在《文心雕龙》里曾经说道："故比者，附也；兴者，起也。附理者，切类以指事；起情者，依微以拟议。"意思是说："比"是喻事理；"兴"是引起联想。比喻事理的，要根据相似点来说明事物；引起联想的，要以细微处寄托深义。刘勰说的比兴，就是我们现在说的类比。如图2-31所示，即为类比法思维导图。

类比是选择两个对象或事物（同类或异类）对它们某些相同或相似性进行考察比较。类比推理，就是根据两个对象之间在某些方面的相同或相似，推论出它们在其他方面也可能相同或相似的一种方法。类比法是富有创造性的创意技法，有利于人的自我突破，其核心是从异中求同，或同中求异，从而产生新知，得到创造性成果。它在人们认识世界和改造世界的活动中，具有重大意义。历史上，许多重大的科学发现、技术发明和文学艺术创作，都是运用类比创意技法的硕果。

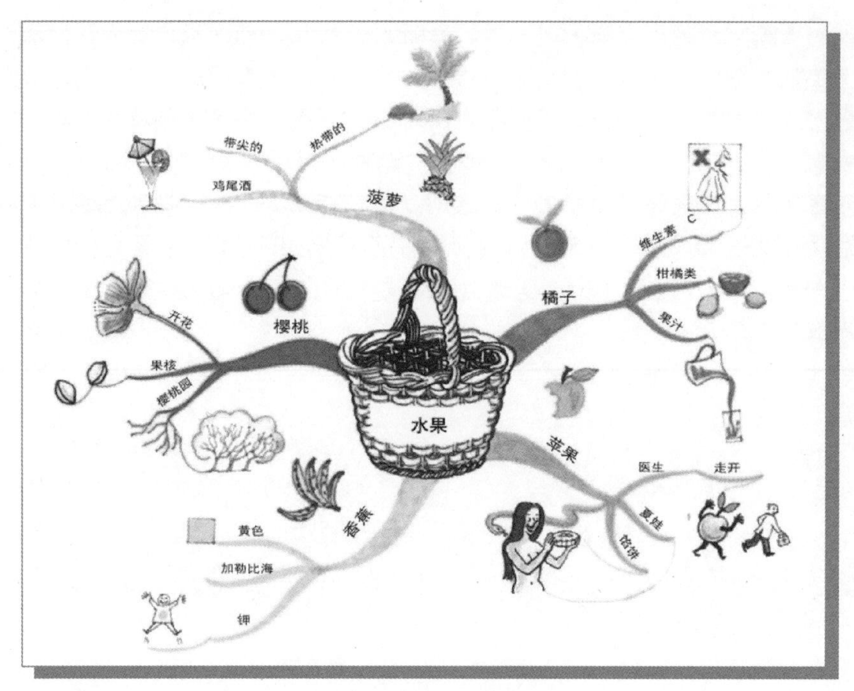

图2-31 类比法思维导图

类比法按原理可分为直接类比、拟人类化、幻想类比、因果类比、仿生类比、象征类比六种。

① 直接类比：就是人自然界或者人为成果中直接寻找出与创意对象相类似的东西或事物，进行类比创意。如图2-32所示，即为直接类比法思维导图。

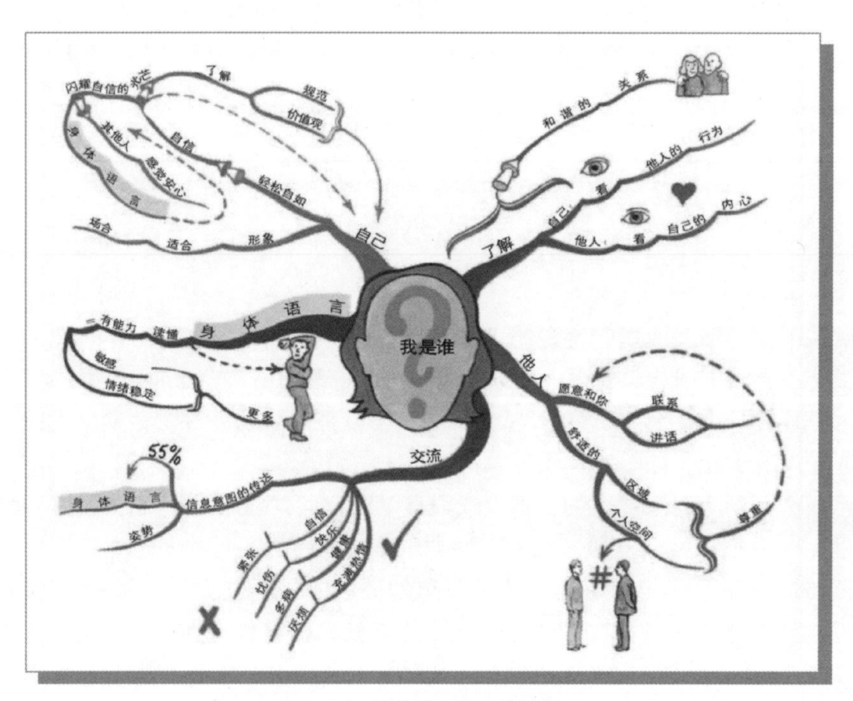

图2-32 直接类比法思维导图

② 拟人类化：就是使创意对象“拟人化”，也称亲身类比、自身类比或人格类比。这种类比就是创意者使自己与创意对象的某种要素认同、一致，自我进入“角色”，体现问题，产生共鸣，以获得创意。

③ 幻想类比：这是在创意思维中用超现实的理想、梦幻或完美的事物类比创意对象的创意思维法。古代的神话、故事、童话，多是不能解决问题时产生的幻想。在科技迅猛发展的时代，人们利用幻想解决问题已成为现实。

④ 因果类比：两个事物的各个事物之间可能存在着同一种因果关系，因此，可根据一个事物的因果关系，推测出另一事物的因果关系。

⑤ 仿生类比：人在创意、创造活动中，常将生物的某些特性运用到创意、创造上。如仿鸟类展翅飞翔，造出了具有机翼的飞机；同样，发现了鸟类可直接腾空起飞，不需要跑道，又发明了直升机。

⑥ 象征类比：是指利用具体的事物或符号作为类比的内容，设计中常用置换的手法进行不同事物之间的类比整合，传达那些约定俗成的概念。这种创意方法往往是将事物的主题概念首先进行符号化，然后再利用事物的相似性进行置换的异质同构，进而揭示两种事物之间的关联属性。简单地说，就是将抽象的主题概念或情感通过具体的象征形象或符号进行类比表达的比较方法。

千百年的发展人们约定俗成了许多特有的符号形式，将抽象的概念视觉化、直观化。例如鸽子象征和平、铅笔象征设计、圆形象征圆满等，可以说这些符号是独立于文字语言以外人们共同认可的、带有一定通用性的视觉语言。

第三节　文创产品开发的典型范式

一、地域文化驱动的文创开发

1.地域文化资源的界定与选择

地域文化是特定地区范围内，经过相当长的历史融合而形成（或约定俗成）的有典型特色和符号体系的精神资源的总和。在针对特定主题的文创开发中，对创意产生、深化有直接的推动作用，在后期传播中有语境体系，符合与主题相关认知和接受，便于后续情感延伸和二次传播。

地域文化元素丰富，形态各异，只有部分承载着与主题相关联的信息。文创产品最终要实体化、视觉化，所以要首先挑选那些符号感强的、形态明确的典型地域文化元素。

2.地域文化驱动的创意模式

我们在围绕某一主题的文创产品开发过程中，通常会借用与该主题紧密关联的典型地域文化符号。通过特定主题与典型符号的碰撞、激变，更容易产生全新的创意，经认证评估后形成文创产品，通过受众分享、传播，形成文化时尚、文化热点和文化潮流，这些潮流进入主流机构和政府视野会赢得广泛的支持，因而驱动文创产业良性发展（图2-33）。

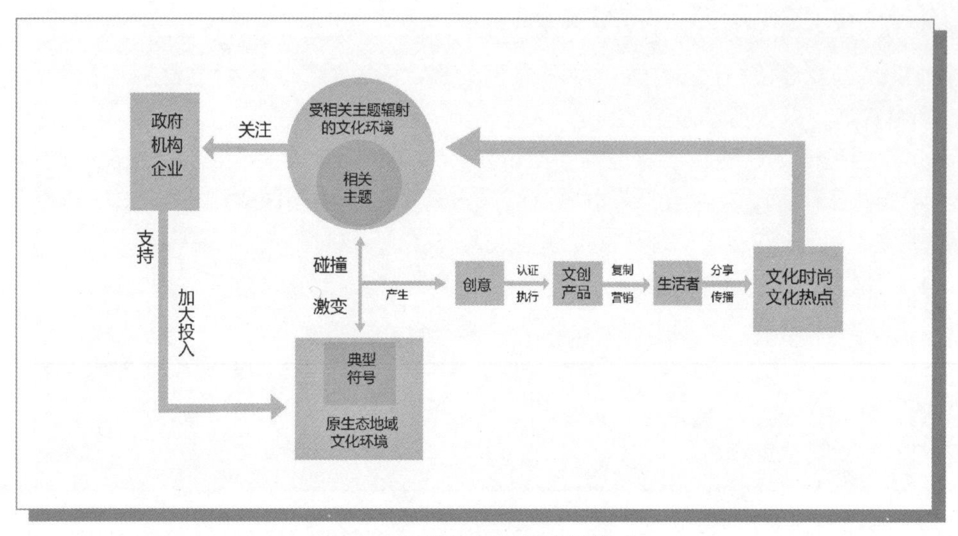

图2-33　地域文化驱动的创意模式

二、经典内容驱动的文创开发

1.经典主题内容的认识

这里所指的经典主题内容，主要指人类文化史上已经被广泛认同，高度集中的代表性文化主题。包括经典名著、经典艺术作品、家喻户晓的典型形象、国家宝藏文物等。

2.经典作品的意义和文化内涵

经典作品常常是全人类共有的形象记忆，激发出人性中高尚美好的意念，蕴涵着深厚的文化情结。根据这些意念进行视觉化再现和文创产品转化，除了能引导深化对经典作品的认知、理解和情感激发，还具有一定的纪念意义。如图2-34所示，即体现了经典内容驱动的创意模式。

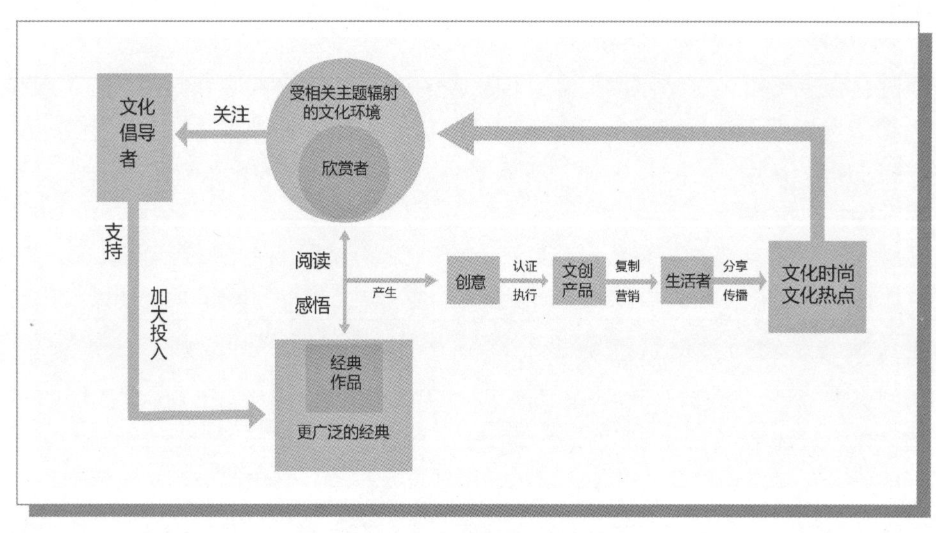

图2-34　经典内容驱动的创意模式

三、非遗产业驱动的文创开发

1.非遗文创的优势

① 非遗是人类美好而永久的文化记忆，文化情感有广泛受众群体。

② 非遗传承与创新的意义，必识文化，易得到政府扶持。

③ 非遗产业的原创原生特点，加工制作产业化、集市化，便于制作并产生经济效益。

2.非遗文创的模式

（1）原有形式感表达时尚主题，如图2-35所示。

图2-35　原有形式感表达时尚主题

（2）嫁接（跨界）。当然，文创产品开发还有借助整合营销驱动创意、消费者热议、网络众筹驱动等多方面创意驱动模式。如图2-36所示，即为其中一种的创意驱动模式。

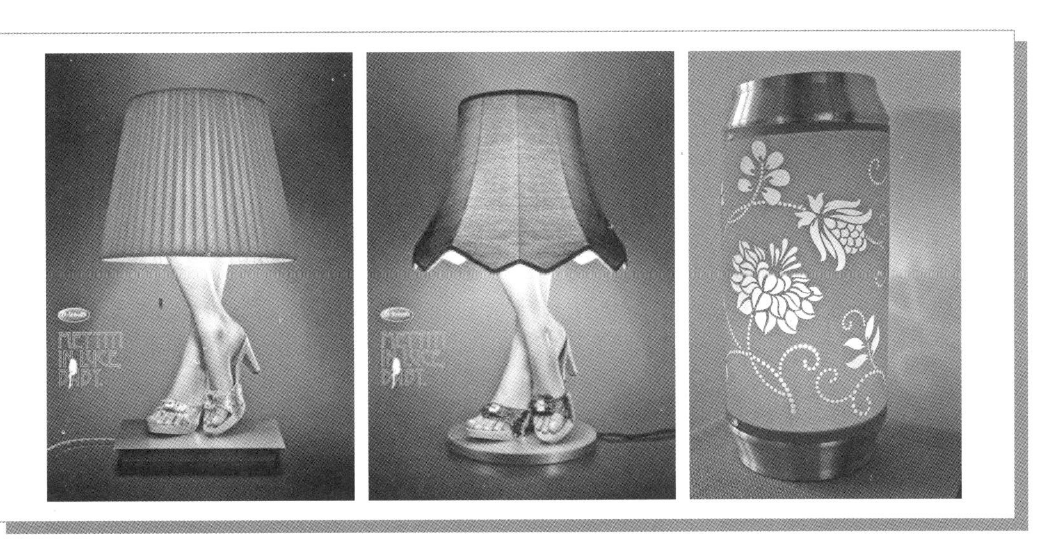

图2-36　创意驱动模式之嫁接

Cultural and Creative Product Design

03 Chapter

第三章

文创产品设计方法和原则

第一节　文创产品设计方法

一、以功能为主的设计

一件产品的功能一般来说不是单一的，它可能同时具备多种实用功能和一定的审美功能，在产品设计过程中，合理安排产品的功能以及各功能之间的关系是其中的关键一环。所谓实用性设计，是指以实用功能为主的设计。

早在一百年前的包豪斯（注：世界著名的设计学院），为了适应大工业生产和生活的需要，提出了功能主义和实用主义。产品的实用功能主要是以作为人们为达到某一目的的工具的方式体现的，比如汽车是人的代步工具，手机则是远程沟通的工具等。一般来说，除了一部分以工业化手段批量生产的、纯粹为满足审美的工艺品外，所有工业化批量生产的产品都在一定程度上具备实用功能，这也是产品一项基本属性。

关于文创产品设计载体的选择，一般来说设计师为了吸引消费者的消费，会选择一些人们日常生活中常用的物品，设计成具有文化内涵的文创产品。设计师采用仿生、提取文物的表面肌理、质感、色彩和造型等方式，将提取的文化元素进行具象转化，结合产品的实用功能设计出日常生活中的“日用品”。如图3-1所示是两款灯具，其创意在于将形态原有的概念进行了“偷换”，超出想象的牛奶盒、没安装的灯泡，直接变成有照明功能的灯具。在创意方面，在精神情感上给人的眼前一亮，远远超出灯具本身的亮，同时在设计品位上也很高。

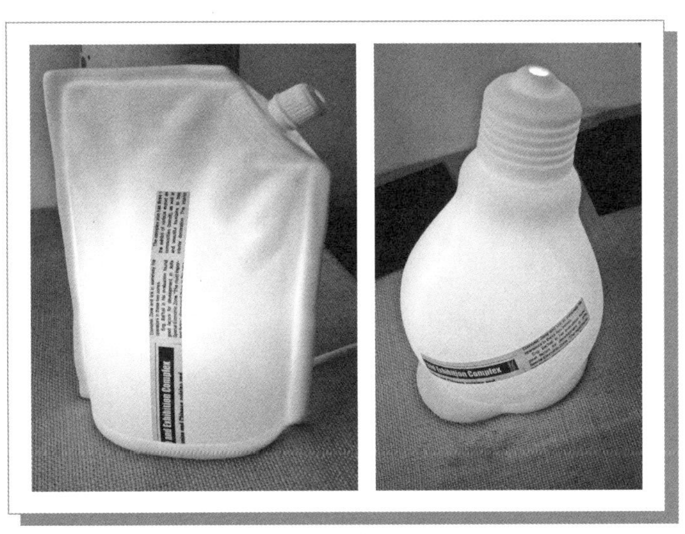

图3-1　创意灯具设计

二、突出趣味性的设计

在诺曼所著的《情感化设计》一书中提到，美感、乐趣和愉悦共同作用能给人带来正面的情绪，产生快乐的感觉。这种感觉可以帮助人们解压，激发人们的求知欲和学习能力。目前市场上以娱乐为目的性的体验产品也数不胜数，有时促使消费者产生购买行为的是追逐产品的“有趣”“好玩”，这也体现了人们在快节奏生活状态下追求的心灵释放。文创产品中的趣味设计，更多时候是互相包容的，力求带给人们的是全方位的感受。从造型到功能再到人机的互动和文化层面，层层递进，将趣味设计推进到一个全新的层面。由于人群年龄、性别、知识文化层次、社会经历等不同，对趣味的理解方式也不同。有的较注重功能方面的趣味，有的更喜爱视觉感官带给自己最直接、最直观的趣味感受，有的则更加注重产品本身内在的品质带给人们的真实情感体验。在人们不同诉求点的驱使下，各种层面的趣味性又得以强化，带给人们截然不同的趣味感受。在进行趣味性设计时，应着重考虑影响趣味性的因素和掌握趣味性设计方法。

1.趣味设计因素

根据不同人群需求，趣味设计可着重考虑以下因素。

（1）年龄。从年龄层面出发，不同的年龄阶段对于趣味的要求诉求点不一样。儿童青少年对于趣味性更注重在外形颜色上，而对于中老年人更加注重产品本身所带来的趣味感受。

（2）性别。从性别层面来说，女性更多喜欢温和的，而男性更加喜欢简单、便捷、明快的。

（3）消费能力。从消费者自身消费能力层面来说，日常生活用品趣味性的设计最终是从简单的产品功能设计引入对于人们情感层面的关怀，并不一定高价位的产品趣味性就更加丰富。日常生活用品的趣味设计要从以人为本的设计思想入手，充分关注人们的情感，不仅要从趣味的表层含义去感受产品的趣味性，同时要不断地拓展产品趣味设计的深度广度。趣味设计赋予产品情感和活力，具有趣味的产品更加具有亲和力，所以我们要将相关的设计要素和设计思想融入产品的形态、功能以及人机互动和文化内涵之中，创造出更多令人感动的产品。

2.趣味设计方法

从日常生活用品造型材质色彩等趣味到功能的趣味，从人机互动的趣味到产品的综合趣味四个角度，其产品趣味体现出完整的设计方法。日常生活用品趣味性设计方法应从以下几个方面着手。

（1）从造型层面趣味设计出发。如图3-2所示，为洛可可设计的大圣归来手机壳，在造型层面利用形态的相似性进行形的套用，巧妙地运用形态的象征意义。

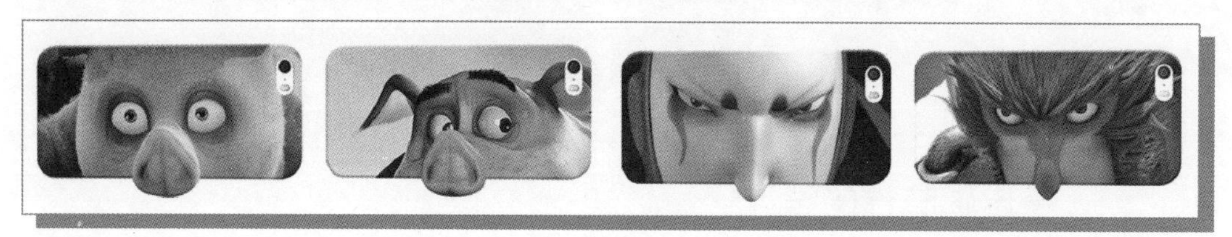

图3-2　大圣归来面具手机壳（洛可可设计）

（2）从功能层面趣味设计出发。

（3）从人机互动层面趣味设计出发。如图3-3所示，为泰国Qualy花盆。当花盆内水不够的时候，小松鼠就掉进洞里，提醒人们给植物加水。

图3-3　泰国Qualy花盆

（4）从综合多层面趣味设计出发。比如在设计的时候可以考虑故事的趣味性、游戏的策略性、文化的多样性等。同时还要考虑到不同的年龄层、性别特征、消费能力等因素，综合多方面的因素，一切从人的需求出发，这便是日常生活用品趣味性设计的最终方法。

坚持以人为本是一切设计的核心，其是建立在广泛的体验设计、情感设计等丰富理论基础之上的。总体上说，日常生活用品趣味设计遵循从产品的造型到产品功能到情感上的趣味体验，从基础外形到附加的内涵设计法则。最重要的以人为本是产品趣味设计的核心所在，这种理念建立在体验设计人性化设计等丰富的理论上，要求人们更加关注物以外深层次的情感心理层面的需求。

日常生活用品只是其中研究的一个载体，并且通过其研究理论对实践设计起到行之有效的指导作用。著名的产品设计之父雷蒙德·罗维曾经说过："我寻求一种强烈的视觉震撼力，令人即便是短短一瞥，也能留下深刻的印象，但是我更关心它们在人们心中的感受。"由此可以看出，更多地关注产品深层次的趣味性给人们带来的心理精神层面的体验的必要性。

三、融入情境性的设计

相对于实用性设计方法，情境性设计方法在实用性的基础上，将侧重点放在对产品的"精神意境"的塑造上。这类产品在不使用时可被当做工艺品，从观赏性的角度体会产品营造的氛围，在使用时，产品的意义通过操作方式从行为到心境再到精神逐步向使用者渗透。这类产品中，最具有代表性的为表现茶道、香道和花道的产品。如图3-4所示，为洛可可设计的高山流水，寓意通过香道去营造山水意境，体悟人生哲学。

图3-4　高山流水（洛可可设计）

在产品设计中，场景是指用户与产品交互时由环境、产品和用户组成的集成系统。场景研究是指通过情景、环境、产品以及人与此三者之间的关系来研究未来产品的使用。产品设计中，场景研究的目的是在场景的三个因素之间找到平衡点，设计出真正满足用户需求的产品，增强用户体验。

（1）从现场观察中理解用户。用户行为有其特殊性，其背后的因素是非常复杂的。仅通过问卷调查，很难获得其真正的动机、目的和情感。当我们想要理解用户行为的目的时，只有亲身体验用户的使用过程，观察、自我理解用户的情绪变化，才能真正理解用户，把握用户的痛点。因此，在新产品开发过程中，将跟踪和调查目标用户、信息收集、场景记录、场景仿真等研究方法。

（2）从场景中挖掘需求。长期以来，设计者往往认为产品与用户的关系只存在于产品的使用过程中。这种观点是不完整的，一旦用户开始接触到这个产品甚至还未开始使用，就已经开始了建立信任和情感共鸣这一过程。我们希望从场景中得到的用户的潜在需求，其常常隐藏在用户的习惯和态度中。因为产品有时会为用户创建行为、习惯和需求，所以设置场景来描述用户的日常细节可以帮助设计者理解用户的情绪变化、与用户交流时应该采取的态度、用户的目标和用户交流的目标。所要求的功能和信息使设计者能够发现产品与用户之间可能的交互点，从而合理地定义产品与用户的关系，并将产品融入用户的生活。同时，这种方法也可以避免设计者在设计新产品时，由于缺乏现有的设计经验，导致设计不完整，并且在考虑不充分的情况下给用户带来其他潜在问题。

（3）提炼核心需求定义产品。当完成以上步骤既有必要对收集到的不同用户意图和需求进行总结和提炼。用户很容易根据自己的喜好需求产品某种特定的属性，但设计者从来没有这样做，大众消费品必须满足大多数需求，更具体的需求只能满足小众群体。所以设计师需要升华和提炼直观的细节，找出背后的深层原因。通过一种或多种表达方式来实现多样化的需求，并选择最佳的解决方案来满足用户的核心需求，完成产品设计定义。

（4）在场景中对产品进行测试与验证。在完成产品定义之后，设计人员需要验证定义，然后使用关键路径场景方法。关键路径脚本是一个虚构的场景，通过设计场景，目标用户可以体验到产品设计的重要功能，然后通过猜测用户行为来验证设计假设的合理性。这种方法的优点是，在设计假设开始时，可以以较低的成本消除一些不可能的需求，从而可以提高设计者的效率。不仅如此，设计者可以在脚本中设想更多的可能性以充分考虑以提高设计完成度。如图3-5、图3-6所示，知乎以沉浸式的知识体验和创新设计，再次构建了一个独一无二的线下创意体验馆。这是一家“专治不懂”的魔法诊所——不知道诊所，将知乎上专业、有趣、多元的内容以创意体验馆的方式展现出来。展览特设七大诊室，更特邀15位知乎优秀回答者现场“专家看诊”，全方位解答各种“不懂症状”，治愈青年人群好奇心。

图3-5　知乎的“不知道诊所”（1）

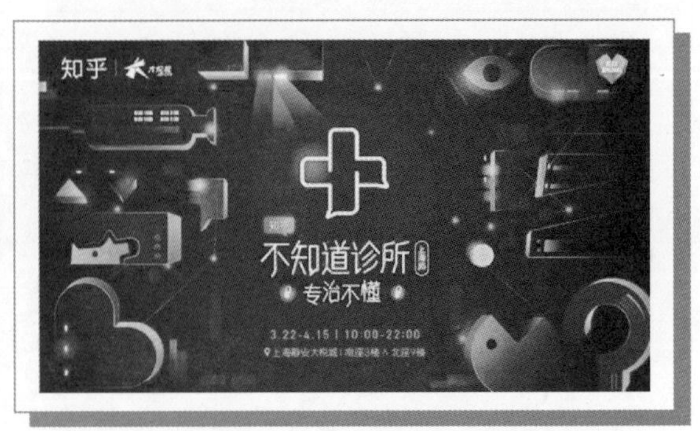

图3-6　知乎的“不知道诊所”（2）

四、演绎故事性的设计

文创产品设计师不是贴图设计师，故事性设计常用“讲故事”的方法来体现文创产品的文化内涵特征，让消费者达到心灵的共鸣，是文创产品设计中较为常用的设计方法之一。要讲好产品设计中的故事，需要发现产品中的笑点、萌点、科技点等，通过一定的“梗”和受众进行沟通。

故事性设计，需要充分挖掘产品的文化背景，可以是特殊的产地、非遗文化、历史溯源、优良工艺、严格的制造过程等，也可以是非遗手工艺者或设计师的独特情怀。同时，诉说关于产品的故事，并且告诉受众这些产品有趣、重要的一面。讲故事的文案架构必须合乎逻辑，有着开头、中间和结尾。描述一项商品及其效益，根据文化的重要性来安排文案中故事的先后，把最重要的文化特征放在标题，在阅读文案的过程中，带领读者从最重要的文化特色逐步走到比较次要的文化特色。

五、应用高科技的设计

科技发展的速度远超出人的想象，虽然最新的科技并不是人生活中所接触到的，但创造性形式的产生往往伴随着科技的发展进步及推广应用。这几年出现的全息影像慢慢地得以普及，人们甚至可以用简易的装置来达到全息影像效果，但却没有被用到文创产品的设计中；VR（即虚拟现实技术）以及AR（即增强现实技术）也在逐步渗入人的生活，利用VR和AR技术可增加并强化产品叙述性特点；更进一步发展出的7D技术通过传感、光感、震动和摇晃使用加上五维度场景的包揽，完全模拟真实场景能让人仿佛身临其境。现在7D技术仅在大型博物馆或体验馆中使用，如果日后设计师将7D技术应用于文创产业，必将突破时间、空间界限让人真切地感受到文化的历史与沉淀。设计师需要了解现科技发展和应用的程度，利用科技的应用设计出符合时代的产品。如图3-7、图3-8所示，为近年故宫文创产品的优秀代表作——故宫猫AR绘本。该文创产品的点睛之处在于，运用AR技术讲述文物故事。

图3-7　故宫猫AR绘本（1）

图3-8　故宫猫AR绘本（2）

创新设计方法并不止以上几种且创新方法也不是单独运用，需要基于传统设计方法上或多种方法结合，设计师应采取多种设计方法对文创产品进行设计来符合社会绝大多数人的审美特点，使文创产品被大多数人接受，达到文化的最大范围传播及最广教育意义。

第二节　文创产品设计原则

一、以市场为导向的原则

市场导向原则强调以市场需求为出发点，不是有什么想法就开发什么产品，而是与市场结合开发市场所需要的产品。当然，在设计文创产品时，应该辩证看待市场导向和文化内涵，设计出兼具文化内涵和符合市场的文创产品。

20世纪50年代以来在西方发达国家随着买方市场的出现而产生现代经营思想。经过数十年来的更新和迭代，该理念已成为当代市场营销学的主线。该理念认为，客户或消费者需要什么产品，企业就生产什么产品，销售什么产品。在这种理念的指导下，企业的出发点不是以现有产品去吸引寻找客户或旅游消费者，而是从市场上的需求出发，规划产品的生产和销售。企业的主要目标不是单纯追求销售量的短期增长，而是把眼光放在长远地占有市场份额上。在这种理念的指导下，企业十分重视市场的调查研究，力求在消费需求不断变化的进程中发现那些尚未被满足的市场空间，并通过产品的开发、价格、渠道、促销等策略的制定去满足这种需求。企业则在需求的不断满足中扩大市场销售份额，长久地获取丰厚的利润。

在市场经济机制的调节下，文创产品需求和文创产品供给是通过市场这一环节联系起来的。文创产品需求和文创产品供给共处于市场这一体系之中，它们之间的矛盾运动是推动文创活动发展的动力，即需求和供给是经济活动的基本矛盾，它们之间的经济联系及其变化、发展，组成了经济活动的主要内容。只有通过市场运作，才能使供求矛盾得以缓和、协调或解决，实现供求结构的平衡。供求平衡即是产品结构的平衡，只有文创产品结构处于平衡的良好状态，文创产业的发展才能运作于健康有序的轨道上。

文创市场瞬息万变，消费者的需求在变，竞争对手的战略在变，文创相关法律法规也在不断完善，影响文创企业的内外环境日新月异。一个文创企业能否适应文创市场的发展变化，适应到什么程度，是文创企业能否在竞争中求得生存和发展的关键。因此，文创企业必须以市场为导向，适时进行资源合理配置，扬长避短，有针对性地开展市场营销活动，确保企业经营目标得以实现，这就需要制定自己的市场营销战略。市场营销战略关系到今后相当长一段时间内文创企业的发展目标，是文创企业市场营销计划的重要依据。因此，市场营销战略正确与否，对文创企业的兴衰成败举足轻重，有着重要的影响。若一个文创企业的市场营销战略错误，即使文创的具体行动方案多么细致，多么全面，销售队伍多么强大，也会在激烈的市场竞争中迷失方向，对企业的生存和发展构成威胁，甚至被竞争对手所击败。如图3-9所示，根据CBNData（即，第一财经商业数据中心）发布的《2018中国原创设计创业与消费报告》的数据显示，“80后”偏好对联、贴纸、台历、红包等实用为主的文创产品；而“95后”则偏好手链、项链和吊坠，认为提升品质更为重要，所以文创产品品类的设计也应根据市场需求进行调整。

图3-9　CBNData《2018中国原创设计创业与消费报告》

二、突出差异的创新原则

差异化设计实际上就是一种设计创新，要让自己的作品具备差异化特征，就必须从多个角度展开分析、加强判断、深入思考。运用目标市场定位策略对客观存在的不同消费者群体，根据不同产品和消费者的特点，采取不同的设计创新方式。通过市场调研分析，依据消费者划分不同群体，从而对产品品类进行细分定位，是产品创新的重要方法。根据不同的市场需求的多样性和购买者行为的差异性，把整体市场即全部顾客和潜在顾客，划分为若干具有某种相似特征的顾客群，以便选择确定自己的设计策略或方法。定位分类方法可从以下几个方面出发。

（1）地域创新：地域文化扎根于特定的地域生活环境之中，有着长久的积累和深厚的精神基础，根据不同地域环境的变化情况，并结合设计方法将地域特色的文化融入产品设计，使产品具有在地性特征。文创产品设计凝练各地的地域文化，在传播和商品设计中保持地域文化特色，是实现文创产品差异创新的方向之一。

（2）产品品类创新：是指设计多种不同规格、质量、特色和风格的同类产品，以适应各类顾客的不同需要和价值诉求，避免产品“同质化”。在实现文创产品类创新时，因注重以产品的系列化、品牌化为导向，统一规范整体形象，更加明确集中设计的主题和个性。

（3）消费群体差异化创新：是指根据不同的消费群体的消费需求和消费心理，走差异化路线，锁定消费群体差异化进行设计。对消费群体进行细分，有利于对于产品开发品类的细分，从而实现产品的多样化和个性化。

（4）消费手段差异化创新：是指通过营销方式差异化，必须不断进行更新营销手段，将新意与亮点展现给消费者，激起消费者购买欲望。这种手段是促使消费者在市场消费行为中差异化的购买，向顾客提供有独特利益，并取得竞争优势产品的策略。

近些年来随着“互联网+”的模式出现，这种创新模式也被带到文创产业中。比如，印有康熙皇帝画像的趣味壁纸出现在手机中，故宫博物院的手机APP和淘宝店等都通过互联网的形式被传递给每一个人。文化不再以传统的方式要求人们去感受，而是以符合时代的方式主动地去散播、渗透到人们的生活中。突破同质化的现象需要有创新，采用造型的创新、材料的创新、工艺的创新以及展现方式的创新等一系列创新方法使产品产生差异化。产品差异化分为水平差异化和垂直差异化，文创产品应从水平差异化的角度出发，大胆结合超出人想象的领域创造出令人意想不到的产品。利用差异化设计扩大文创产品涉及领域，从创新面让人体验文化的存在感与普遍性。2017年12月29日，敦煌研究院与腾讯公司达成战略合作，携手发起“敦煌数字供养人”计划。号召大众通过游戏、音乐、动漫、文创等多元数字创意，参与到敦煌文化的保护和传承事业。在合作一周年之际，该计划推出新年数字创意活动——敦煌诗巾（图3-10）。该活动号召公众通过数字文创手段，成为敦煌数字供养人。在腾讯文创平台上，用户可以通过DIY自己的专属敦煌丝巾，生成个性化的文创创意，供养千年敦煌文化。

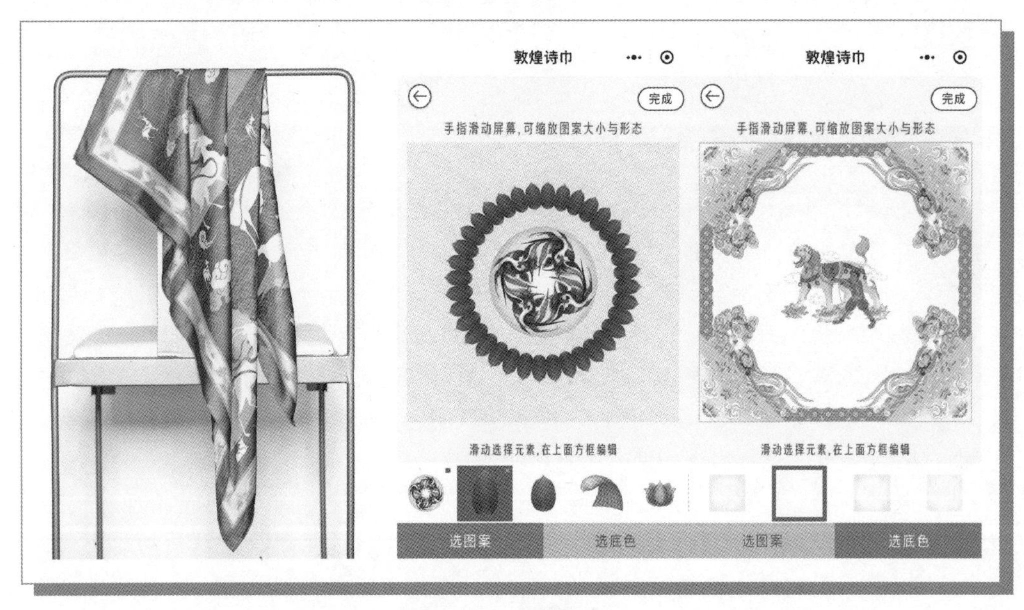

图3-10　敦煌诗巾

三、兼顾美观与实用的原则

人们对美的追求体现在生活的方方面面，美观而具有实用性的产品是为了美化人们生活而服务的。美学实用性效应描述的是这样一种现象，人们总认为较有美感的设计比欠缺美感的设计更容易使用，不管事实上是否如此。这种效应已在多项试验中被发现，并在一项设计能否被接纳和使用及其性能好坏等方面有种有益的启示。

美观的设计看起来更容易使用而且有着更高的被使用的可能性，不管事实上它们是否真的更容易使用，更实用但缺乏美感的设计则可能遭到冷落而引发实用性争论的问题。这些观念在随后的时间里产生影响而且很难改变美学在一项设计的使用方式上扮演着重要的角色，美观的设计比缺乏美感的设计更能有效地培养积极的态度，并使人们更能容忍设计上存在的问题。

美的产品不仅要满足消费者审美的需求，同时还应使消费者感觉到“美观的产品更好用”。因此，在文创设计过程中，应该从用户的感受出发，细心观察用户的情感与喜好特征，总结其美学要求，在和文化结合的同时，设计出符合用户需求的美学性产品，从而创造一个温柔的、乐观的、愉悦的、享受的美丽心情。而现实的大多数文创产品设计往往仅仅只表现了“好看”，而忽略了实用，粗制滥造给人一种“中看不中用”的印象，这就需要设计师严格把关产品品质，设计出符合“消费者需求的好看”的产品，例如可通过与知名品牌联名设计，提升消费者对产品品质信赖感。百雀羚的生产商与故宫珠宝设计师钟华合作，强势推出一款带有浓郁中国风的梳妆礼盒（图3-11）。这款产品所具有的精致的中国风广受消费者追捧。

图3-11　百雀羚梳妆礼盒

四、坚持绿色环保的原则

在20世纪60年代末，美国设计理论家维克多·巴巴纳克出版一部著作《为真实世界而设计》，引起了很大的争议。该书专注于设计师面临的人类需求的最紧迫的问题，强调设计师所具备的社会价值及伦理价值，到了80年代出现了一股国际性的设计思潮，由于全球性的生态失衡，人类生存问题引起了世界范围的重视、开始意识到发展和保护环境、设计与保护环境的重要性。

就产品设计而言，着眼于人与自然的生态平衡关系，在设计过程的每一个决策中都充分考虑到环境效益，尽量减少对环境的破坏，包括产品设计的材料选择与管理、尽量减少物质和能源的消耗、有害物质的排放，而且要使产品及零部件能够方便地分类回收并再生循环或重新利用。要求产品设计师要以一种更为负责的观念和工作方式去创造设计产品，用更简洁、长久的形式使产品尽可能地延长其使用寿命。

绿色设计与传统设计相比较，应遵循以下原则。

1.资源最佳利用原则

资源最佳利用原则包括两个方面的内容：一是在选用资源时，应从可持续发展的观念出发，考虑资源的再生能力和跨时段配置问题，不能因资源的不合理使用而加剧枯竭危机，尽可能使用可再生资源；二是在设计时尽可能保证所选用的资源在产品的整个生命周期中得到最大限度的利用。

2. 能量消耗最少原则

能量消耗最少原则也包括两个方面的内容：一是在选用能源类型时，应尽可能选用太阳能、风能等清洁、可再生能源，而不是汽油等不可再生能源，有效缓解能源危机；二是设计师力求产品在整个生命周期循环中能源消耗最少，并减少能源的浪费，避免这些浪费的能源可能转化为振动、噪声、热辐射以及电磁波等。

3. “零污染”原则

绿色设计应彻底抛弃传统的“先污染，后处理”的末端治理环境的方式，而要实施“预防为主，治理为辅”的环境保护策略。因此，设计时就必须充分考虑如何消除污染源，从根本上防止污染。

4. “零损害”原则

绿色设计应该确保产品在生命周期内对劳动者（生产者和使用者）具有良好的保护功能，在设计上不仅要从产品制造、使用环境以及产品的质里和可靠性等方面考虑如何确保生产者和使用者的安全，而且要使产品符合人机工程学和美学等有关原理，以免对人们的身心健康造成危害。

5. 技术先进原则

绿色设计要使设计出的产品为“绿色”，要求采用先进的技术，且要求设计具有创造性，使产品具有最佳的市场竞争力。

6. 生态经济效益最佳原则

绿色设计不仅要考虑产品所创造的经济效益，而且要从可持续发展的观点出发，考虑产品在生命周期内的环境行为对生态环境和社会所造成的影响而带来的环境生态效益和社会效益的损失。也就是说要使绿色产品生产者不仅能取得好的环境效益，而且能取得好的经济效益，即取得最佳的生态经济效益。

图3-12　Freitag品牌

全球知名的瑞士环保潮牌Freitag推出了一款邮差包。产品利用回收而来的卡车车篷防水油布制作邮差包包面、汽车安全带做包带、自行车内胎用作包边，每一个Freitag包的图案都独一无二，代表了个性、一种生活方式，同时也取得了可持续的最佳生态经济效益，如图3-12所示。

五、遵循系统分层的原则

文创产品的设计应遵循多层次、系统化的设计原则。由于消费者的性别差异、年龄差异、性格差异、文化背景差异，单一的设计无法满足多方面的需求，这就需要我们在文创产品开发的时候能够提供多方面、多层次的设计方案，满足不同消费者的需求，开发出不同价位、不同档次的产品。

（1）高档文创产品设计。首先要注重对文创产品品牌的塑造，提高文创产品的文化内涵和审美品位。其次，可保留手工精湛的工艺技巧痕迹，凸显产品的材质美。在包装上应联系产品主题，传达文化神韵。此类产品在价格定位较高，但不一定是主要盈利产品。

（2）中档文创产品设计。应考虑消费者对文创产品的内心情感需求、精神需要，最终创造出充满趣味的产品。如图3-13所示，西瓜为元素的系列产品开发，强调产品在造型、纹样、颜色上的再设计。

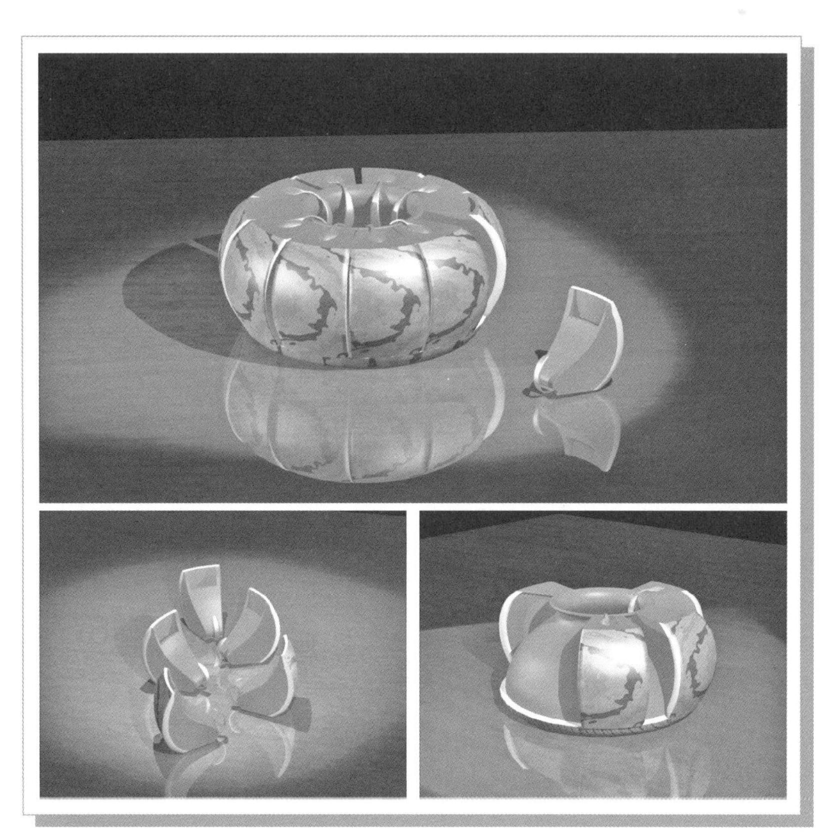

图3-13　西瓜造型茶具设计

（3）低档文创产品设计。在保证品质和特色的基础上，实现产品的批量生产，选择易加工、低价格材料，实现产品的低价格是满足此类消费者重要手段。同时还应注重文创产品的系列化开发设计，以方便消费者随意选择，游客遇到喜爱的产品可以作为自己留念，也可以馈赠朋友。在以需求为导向的市场经济体制下，单一的设计产品，其生命周期变得越来越短，文创产品的系列化开发势在必行。产品的系列化设计有助于构成视觉冲击力，强化市场竞争中的认识度，可以拓宽产品的覆盖面和适应范围，即以其多变的功能或组合方式，构成丰富的产品系统，适应多元化市场的需求，提高产品的市场竞争力。

第三节　文创产品设计中的文化体现

文创产品设计离不开文化，需要体现一定的文化内涵，中国文化博大精深，如何设计出本民族特色的设计作品是一名文创产品设计师需要终生学习、求索的目标。

一、地域文化与文创产品设计

地域文化是指中华大地不同区域物质财富和精神财富的总和，是艺术设计绵延不绝的源泉。

1.地域文化的形成原因及审美特征

（1）地域文化的形成原因。中华大地因其得天独厚的地貌和人文风情，缔造了辉煌而灿烂的历史文化。如今的中国文化是中国历史发展以来的多个地域文化的精华之所在，它们之间既保留了共性又有一定的个性，既存在一定的冲突又有深度的融合。我国地域文化成因主要是受自然地理环境、移民、区划、民族等的影响，在特定区域孕育而成。地域文化是历史遗存、文化形态、审美取向、社会习俗和生产生活方式等在一定的地域范围内长期融合形成的，它具有地域性的特征，不同地区在审美取向和偏好上的差异，创造了中华民族丰富多彩的文化形态，如巴蜀文化、关中文化、吴越文化、荆楚文化、岭南文化等。

（2）地域文化的审美特征。首先，地域文化的形成过程具有长期性和相对稳定性。中华民族在不断地适应和创新中成长，经历了几千年的历史变迁，各地的文化形态也在几千年的历史中演化出各自不同的特点。

其次，地域文化之间具有相互渗透性和相互包容性。我国古代大多数时期政权是统一的，各地域人们的相互流动，带来文化习俗的互相影响，特别是在几个交会的文化区域，形成了兼具几种地域文化特点的文化。

再次，地域文化表现形式具有独特性、广泛性。

2.地域文化对文创产品的影响和启示

（1）地域文化是文创产品设计的灵感和基因。英国学者泰勒认为："所谓文化或文明，即是知识、信仰、艺术、法律、风俗以及作为社会成员的人们所能获得的包括一切能力和习惯在内的复合性的整体。"如果缺乏对地域文化的尊重，就会忽略每种文化所具有的独创性，以文创产品设计为例，缺乏地域文化的挖掘，就会导致同质化现象，设计没有特色。

（2）文创产品设计可以保护和传承地域文化。文化认知是地域性思维活动形成的易于自觉接受的文化行为，对文化的理解与认同则受到生存环境的影响和制约，具有特定的认知性和习惯性，地域文化决定了设计的文化特征。

21世纪是强调个性化、人性化的世纪，现代设计从地域文化中寻找灵感，可以唤起特定地域人们的自信心和自豪感，使地方面貌丰富多彩，充满活力，促进经济、旅游的发展，进而使地域文化得以保护和传承。如图3-14所示，为李博峰设计的“二厂汽水”；通过挖掘不同地方特色文化，设计出具有地域特色的产品，对于城市品牌的建设和地域文化传承具有重要的推动作用。

图3-14　二厂汽水（李博峰设计）

二、中国传统美学与文创产品设计

在李泽厚、刘纲纪撰写的《中国美学史》一书中，中国古代美学思想被划分为儒家美学、道家美学、禅宗美学和楚骚美学四大流派，李泽厚也认为中国美学的发展不外是这四大思潮在不同时代的产生、变化和发展以及它们之间相互对立又相互补充的情况，深远地影响着人们几千年的文化和日常生活。

1.中国传统美学主张与设计特征

儒家强调“善”，儒家美学主张美与善的统一，强调善的核心地位。因此，艺术不仅要有美感，还要合乎礼教的要求，美与善的统一才能使人们在获得审美的愉悦的同时，又陶冶了情操。儒家的另一美学主张强调“中和之美”，中庸内敛的设计主张要求作品节制、和谐，让使用者的心境与心理情绪也达到平和。如在中国的京剧脸谱、宫廷院落、风筝、剪纸、年画、窗花等常采用对称形式，强调以偶为美。如图3-15所示，是格言艺术设计的一款文创产品——归一·盘。中国书法艺术中的“藏头护尾”“欲左先右”等美学原则在“一”字中得以集中体现，同时也蕴藏着儒家思想的中庸之道和中国文化的博大与韵味。

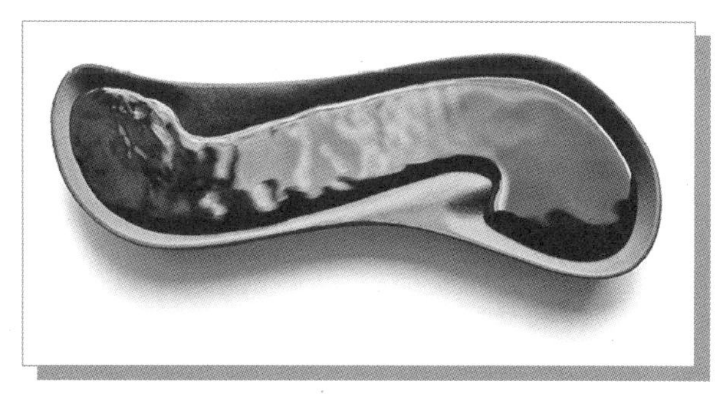

图3-15　归一·盘（格言艺术）

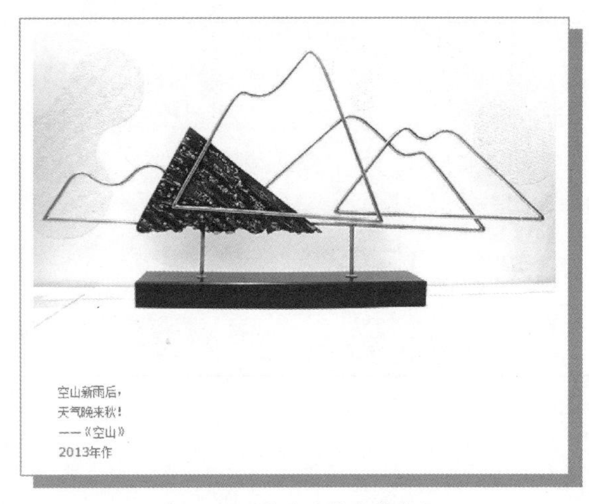

图3-16　空山（格言艺术）

禅宗美学是指在佛教禅宗影响下形成的美学思想，禅宗的思想渊源来源于印度佛教，但它传入中国后融入了中国本土的文化，在适应中国文化的过程中进行了创新性的改造。禅宗美学主张让人们回归本真，它追求自然、忘我、自性清净及人生的理想境界。如图3-16所示，是格言艺术设计的一款阐释禅宗美学的文创产品。禅宗美学将设计的形态与内涵完美地结合在一起。禅宗设计理念将生命的体验与感悟融入形式的创造，体现禅意的宁静淡泊与怡然悠远，创造出形神兼备、气韵生动的意境设计。

道家文化是中国的本土文化，道家美学深刻地把握了美的内在本质及美学精神，成为中国原点性美学的重要组成部分。道家美学主张真善美的和谐统一，反对矫揉造作，以自然和谐为法则，崇尚不雕琢的自然之美。

楚学艺术作为上古时期南方艺术的代表，无不洋溢着浪漫激情与生命活力。如图3-17所示，这是从楚文化中得到凤纹饰灵感而创作的作品。

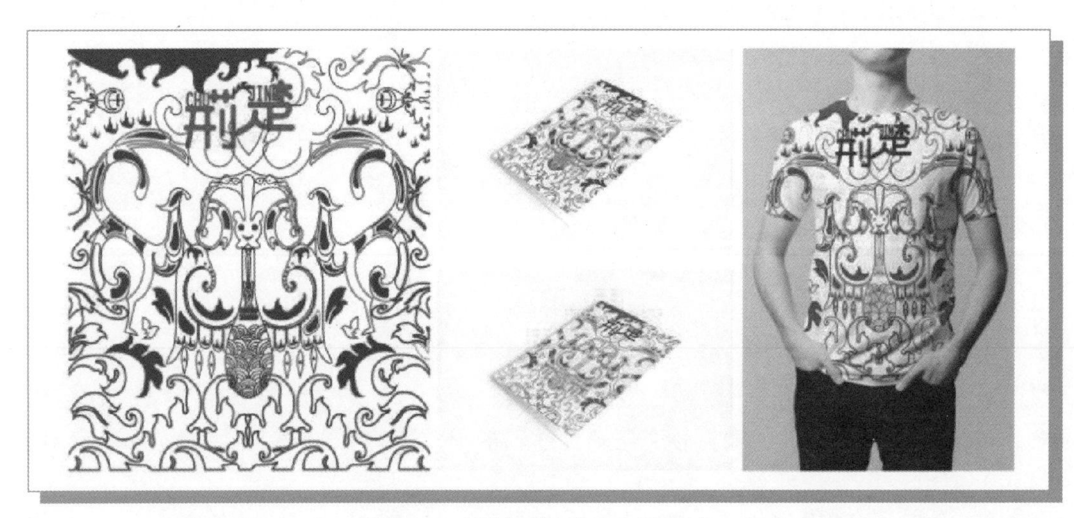

图3-17　凤纹饰提取应用（李日旭）

2. 中国传统美学设计原则启示

（1）人性化——以“仁”为基础的文创产品设计。在现代的设计美学观点中，艺术设计的价值观决定了设计的中心是人而不是物，设计对象更主要的是作为承载并享受设计成果的绝大多数受众，在中国传统美学中也强调“仁者爱人”“道法自然”等美学思想，体现了人对其他生命的友善和关爱，尊重人的自主性和独立性，体现人性化的设计理念。人性化设计强调设计伦理，注重人性需要的本质，全面尊重、关爱使用者的生理、心理及人格的需要。如图3-18所示，这是一款由又一山人设计的“红白蓝330”系列文创产品。通过设计红白蓝产品，让精神病康复者在庇护工厂制作生产，帮助他们找回过正常人生活的信心，体现了设计师及其产品的人性关怀与责任。

图3-18 “红白蓝330”系列（又一山人）

（2）和谐化——以“天人合一”为理念的文创产品设计。“天人合一”为中国传统美学的美学命题之一，它是每一个思想都回避不了的问题，儒家的“天人合一”美学思想是论证人与自然环境之间的关系，在设计原则上来说体现的是一种和谐化设计。和谐化原则即设计在处理人、产品和环境要素的相互关系时，使各个对立因素在动态的发展中求得平衡，并将彼此间具有差异性甚至矛盾性的因素互补融合，构建一个有机的、和谐的整体，实现物质和精神等诸多因素的和谐。

（3）纯朴简练——注重自然本真的表达。在纯朴设计中，应注重材料本质的表达，表现出素颜、古朴之美。纯朴的设计受观者的心性开悟程度影响，设计作品一般呈现出岁月的沉淀，使观者长久的欣赏并回味无穷，带来长久的美学体验和精神上的满足，如图3-19所示，该款设计体现了竹材质的本质表达。

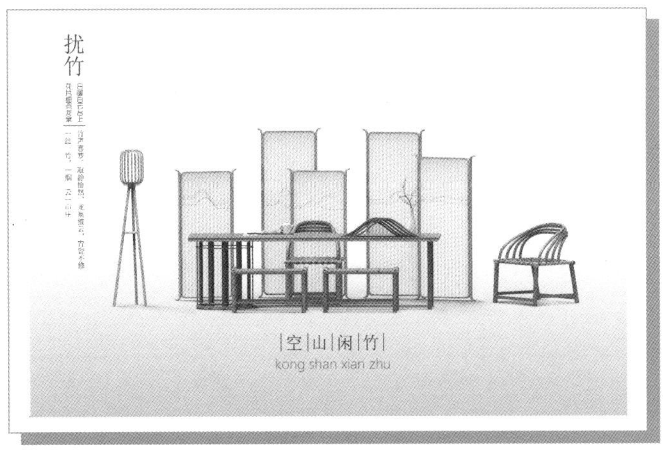

图3-19 空山闲竹（陈欣、张顺超、叶琪）

（4）圆融内敛——追求象征寓意圆满。

圆融内敛的含蓄设计强调设计作品的完整性，强调形式和表达内容的统一性，注重象征意义和寓意的表达。

三、情感体验与文创产品设计

文创产品具有文化属性和创新性的双重要素，所以决定了其个性化、差异化的特点，每一件文创产品背后都有“一段故事”，消费者因为消费不同的“文化”得到了不同的情感体验。从马斯洛的需求阶梯由低到高可分为：生理层面的需求、安全层面的需求、社交层面的需求、尊重层面需求和自我实现层面的需求。通过分析比较不难发现，文化层级、用户体验层级存在着一定的关系，而这种关系刚好分层级关系对应。作为人本主义理论之一的马斯洛需求理论刚好与诺曼的设计三层次形成映射关系，即本能层次（直观感觉，主要从视、嗅、味、听和触这“五感”获得）——行为层面（交互、互动、社交等）——情感层面（背后的文化内涵、产品的品牌故事、产品的个性和差异、价值判断和选择等）。

1.文创产品设计中的本能层次

在本能层次的对产品的感知，很大一部分是因产品的形态、色彩、表面纹理、气味及质感等的不同而不同，此层次是属于产品的物质层面，是看得见、摸得着的或者是可以直观感觉到的。

文创产品的本能层级表现，主要是注重文化的物质特色表达，可将传统文物的造型、装饰纹样等直接通过一定的工艺和技术表现在现代产品上，来适应现代的生活方式和审美（图3-20）。

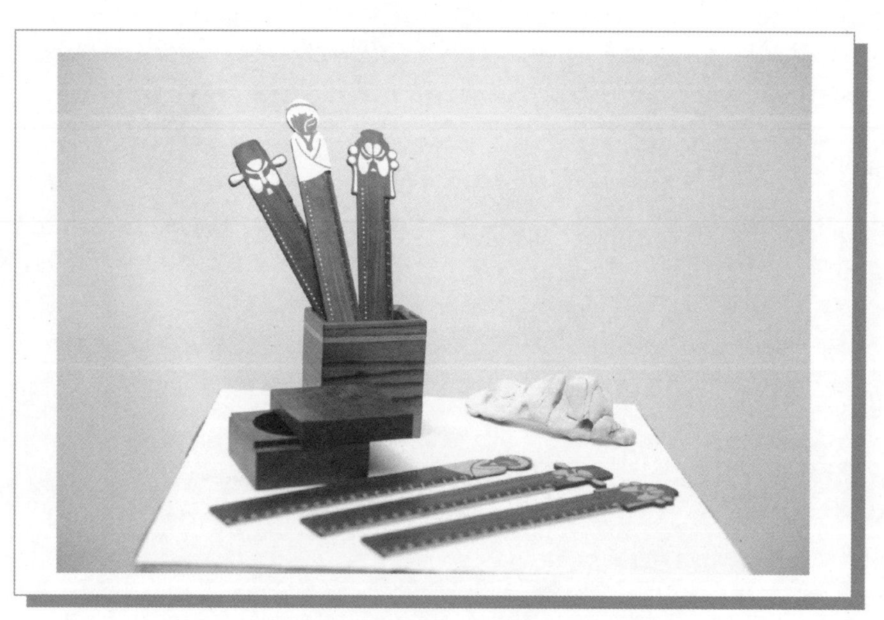

图3-20　2017海峡两岸（昆山）青年文化创意设计大赛获奖作品——昆曲脸谱尺（作者：卞京　陈晨）

2. 文创产品设计中的行为层次

行为层次是指超越本能层次的，所关注的是产品的形态、气味、色彩等，更多层面上的是根据人的生活方式、使用产品的方式、仪式和中间过程等去设计，如产品的功能性、易用性和仪式感等。

3. 文创产品设计中的反思层次

情感反思层次因其所表现内容的具有一定意义和内涵，此层面在高端文创产品的表现相对较多。反思层次又称精神层、心理层，当人们在看到产品或者试用产品后会产生记忆回响，这种回响是消费者在情感层面的反思感受和价值衡量，和产品的意识形态层面是相对应的。对文创产品设计师来说，反思层应该是避免文创产品同质化的有效途径，产品背后的文化才是文创产品的内涵所在。在反思层面的文化内涵可包括产品的故事性、情感和文化等特性，应该注重产品的内部意涵和文化意义。如图3-21所示，“寻寻秘密”考古巧克力用互动的方式讲述国宝故事，打开盒子，用小锤锤开巧克力外层，用小铲子不断“挖掘”，用小刷子扫开可可粉，就能在黑巧克力下挖出一把精巧的、白巧克力做成的“工者之剑”。

图3-21　寻寻秘密”考古巧克力

四、文化符码与文创产品设计

文化符码的概念，最早由法国文学家、哲学家巴贺德于20世纪70年代初其著作《符号学体系》中所提出来。

设计的文化符码就是提醒设计师，能够敏锐地注意到在设计作品创作时对文化差异的分析方法，并且能将这种“有用的分析”运用到设计作品创作上的一种设计方法。

我国台湾地区著名学者杨裕富在《设计的文化基础》一书中所建构的设计文化符码三层次如下。

第一层次：策略层，指设计创意定位。策略层包括了设计作品的说服层次与设计作品的说故事层次，设计构思中应思考怎样把握文化特色的作用、运用，怎样策划组合规则、策略元素。这个层次往往不易被察觉与分析。在文创产品中，策略层往往需要对人群和文化资源进行充分分析，从而去规划设计品类和设计内容，进行有逻辑、有目的性的表达。

第二层次：意义层，指设计传达的意义。在意义层包括了说故事层次与语义层次，不过这个层次如果设计师与受众处于同一个文化环境，作品比较容易被察觉和分析。在意义层较多考虑运用怎样的器物参考、视觉元素进行组合，传达哪些内容，这包含传达内容主次、文字图形的组合等。

第三层次：技术层，指设计的表现形式及手法。技术层作品包括了设计作品的美感形式层次与设计作品的媒材层次。当需要传达的内容确定后，技术层需要考虑各种设计元素的传达方式，也就是表现手法、表现形式、媒介等。

这三个层次是文创产品创作中常用的分析方法，是设计作品形成的三个阶段（图3-22）。

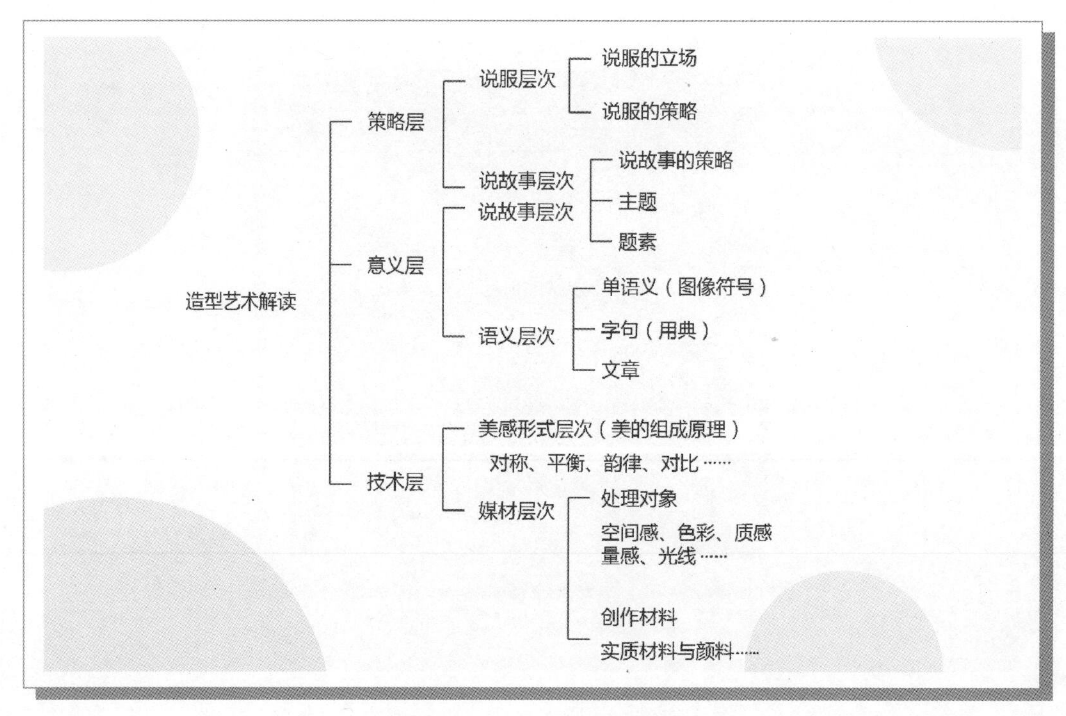

图3-22 文化符码理论体系

Cultural and Creative Product Design

04 Chapter

第四章

文创产品设计的基本流程

第一节　文创项目管理与市场调查

一、文创项目管理

文创产品设计活动大多数以项目形式表现出来，当文创设计与具体项目的相关技术、管理学相融合，就产生了文创设计项目管理。所谓文创设计项目管理，就是应用项目管理理论和技术，为完成一个预定的文创设计目标，充分考虑到时间、资源、成本、技术、材料和制造等方面的限制，对任务和资源进行合理计划、组织、协调、控制的科学管理活动。在文创企业经营与新产品、新服务方式开发的过程中，文创设计项目管理起着关键作用，决定着某项工作的成败。因此，成熟的文创设计组织必须具备成熟的项目管理能力，从而在限定的条件下顺利有序地完成文创设计任务。文创产品设计师除了具备一般产品设计师所具有的能力外，还需具备较高的文化素养，需要有一定的文化认知和文化整合能力，才能设计出具有文化内涵的高质量产品。文创产品设计流程与一般产品设计流程略有区别，文创产品设计活动阶段模型如图4-1所示。

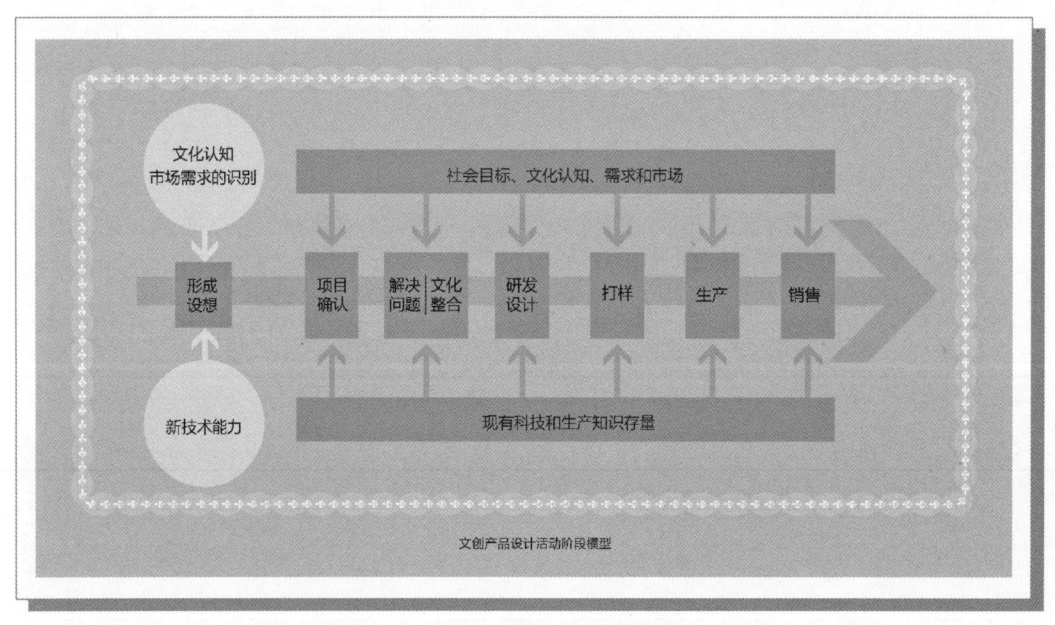

图4-1　文创产品设计活动阶段模型

1. 文创设计项目的管理准备

对于一个比较成熟且具有较长设计经历的文创企业或团队来说，准备工作的内容和所花的准备时间相对较少。但作为第一次涉及文创设计或文创设计活动进行较少的企业，在文创设计项目开始前，由于各团队成员之间的配合较为生疏，充分做好产品设计前的准备工作对文创设计项目的成败至关重要。

设计项目开始前的管理准备工作一般包括组建文创设计队伍，进行文创设计前期检查及编制文创设计规划书三个方面。

（1）组建文创设计队伍。企业必须根据文创设计项目的内容、性质及企业自身技术能力的情况来确定是否需要组建文创设计队伍或组建一个什么样的文创设计队伍。通常，由于产品在市场中更新的频率很快，每年需要较多的新文创产品进入市场；而且由于文创设计项目的复杂程度不一，文创企业需要组建文创产品设计队伍。

① 指定设计经理。在文创企业的设计组织中，文创设计经理（设计组织主要负责人）起着十分关键的作用。在对具体文创设计项目的管理中，文创设计经理的职责主要有以下几个方面：a.编制文创设计规划书；b.选择文创设计师和文创设计项目负责人；c.组织和协调文创设计活动，激励文创设计人员；d.负责文创设计组织与其他部门的协调工作；e.管理文创设计项目流程的全过程。

文创企业在选择设计经理时必须考虑其能力和特点方面与一般经理要有所差异。作为一个完全胜任的文创设计经理必须具备以下能力：a.深度理解文创主题的内涵；理解设计师，并能充分发挥他们的个人能力；b.保持有效的人际关系和有效的使用时间；c.具有创新战略格局，能正确地进行重要决策；d.指导文创设计规划书的编制并掌握适当评估业绩的方法；e.具有获得有关部门理解与协作的能力；f.理解和熟悉文创设计的基本程序和方法，掌握基本的文创设计评估技能；g.了解和熟悉文创设计语言，具有展开有效设计沟通的技能；h.具有把握和主持设计会议的能力，掌握恰当的说明与表达方法。

② 指定文创设计师。一个文创设计组织需要多少文创设计人员和需要什么样的设计人员，完全取决于文创企业要执行的文创设计项目的多少和设计项目的具体内容。除了考虑技术因素外，还要明确哪些是整个项目中的关键技术。对于具有专门技术或较为关键的技术限制的项目，最好由固定的文创设计师来负责。而且，建成一支永久性的、高水平的文创设计队伍是一个成功企业的长期规划，必须在设计管理的实践过程中逐步实现。文创设计团队一般来说需要具备多种能力，产品设计师、视觉设计师都应兼顾到位，做到全方位互补。

（2）进行文创设计前期检查。文创设计前期检查的目的主要是帮助企业进一步明确文创项目的市场目标，这是设计成败的关键因素；其次是对文创企业内部设计资源的评估，这是避免设计风险、确保设计获得成功的基本措施。

文创设计前期检查的主要内容：检查以往文创设计项目成功与失败的原因；检查设计技术的薄弱环节；检查文创项目管理的能力和水平。参与项目检查的负责人必须了解和懂得文创设计，熟悉文创设计的操作程序，有一定的文创管理经验，有强烈的责任心，能以较客观、公正的态度来进行这项工作。

（3）编制文创设计规划书。项目开始前一项非常重要的工作就是编制文创设计规划书。一个确切而完整的设计规划书能使文创设计具有明确的方向和目标；能最大限度地降低文创项目风险；能帮助设计师提前熟悉设计内容，尽早进入角色；能积累设计与管理方面的经验。

从文创设计管理的角度看，一个较为完整的设计规划书应该包括设计目标、设计计划、设计要求三个方面的内容。因此，确立正确的设计目标、制订出切合实际的设计计划和明确设计要求是编制设计规划书的基本要求。文创设计规划书的编制通常要经过市场研究、产品研究、技术研究、交流与评估等研究与活动步骤。

2. 文创设计规划管理

文创设计规划管理是设计管理者对具体的文创项目在执行过程中所做的全面管理工作。在文创设计项目管理准备完成之后，对设计规划的管理就成了设计管理者的中心工作。它对能否达到和完成设计规划书中所规定的文创设计目标起着十分重要的作用。对文创设计规划的管理通常可以采取分阶段的管理、新产品设计与开发流程管理、设计规划的品质管理、设计品质与成本管理、设计品质与日程管理等方式。

3. 文创设计评估

文创设计评估是在设计过程中，通过系统的设计检查来确保文创项目最终达到设计目标的有效方法。其主要功能是及时排除文创设计中存在的问题，确保文创设计质量和最大限度地降低产品开发风险。英国的设计管理专家根据设计程序将设计评估分为需求评估、前期评估、中期评估和后期评估四个阶段。在这些阶段中，文创设计需求评估就是根据市场中的各种信息情报以及企业内外部各种环境因素，对受众的需求因素作进一步的分析评估，以确保文创设计定位的准确性。文创设计前期评估就是针对设计需求要素明确以后的多种设计方案，通过评估选择一个最为合适的或具有发展前景的方案。文创设计中期评估是在设计的总体方案确定以后，在生产图纸形成以前进行的一次十分关键的评估。这一阶段的评估内容主要是对文创设计中的各个细节内容进行评估。文创设计后期评估是在工作样机制作和试生产结束后，在文创产品进行批量生产前还必须进行设计的后期评估。

除了做好阶段评估之外，还要做好文创设计评估的管理。包括做好评估的前期准备，组织好设计评估的实施（包括做好设计评估计划、评估信息数据采集、组织好各类评估参与人员等）。

4. 文创设计团队管理

当今文创设计项目的复杂性和艰巨性决定了文创设计项目必须由多职能的文创团队成员共同的参与才能完成。许多事实也证明，一个获得授权的多职能团队执行文创设计项目更容易获得成功。但在文创团队成员之间往往又不可避免地存在矛盾和冲突，为了能有效地解决由冲突带来的负面影响，高质量地完成文创设计项目，就必须对文创设计团队进行切实有效的管理。

文创设计团队的工作特征从总体上讲，一是文创设计项目要靠集体的智慧才能完成；在文创设计团队中，要让团队成员有平等的参与感和认同感；二是既要重视文创团队的作用，也要重视领军人物个人的作用；三是文创设计团队在设计开发一个项目时，核心团队成员不宜超过8人，理想的人数是5～7人。

为了使文创设计团队成员在同一个设计组织内有效地工作，必须有一个出色的文创项目经理。这个文创设计经理必须有良好的工作能力，包括在专业技术上的能力和对团队管理方面的能力；有较好的愿景和规划能力；有一定的权限，包括有足够的权限来管理和控制来自不同部门的项目团队成员。

文创设计经理作为设计团队的管理者的任务，就是要带领文创团队在组织上、管理机制上、工作上保持高效的特点，处理好团队中的不良冲突，为高质量地完成文创设计目标作出贡献。文创项目管理者应充分调动团队成员热情，发挥个成员的优势，通过合理的项目排期和项目管理确保文创项目如期完成。如图4-2所示，即是一份文创产品设计过程规划的安排时间表。

项目排期

时间	7.4	7.5	7.6	7.7	7.8	7.9	7.10
工作安排	实地考察	考察资料整理及收集 重点关注市场、文化资源	资料分析及头脑风暴	素材收集及整理	头脑风暴方案筛选	草图	草图及方案筛选
时间	7.11	7.12	7.13	7.14	7.15	7.16	7.17--
工作安排	草图完善	草图完善及软件制作	3D制作及视觉作品完善	3D制作及视觉作品完善	渲染及修图	作品打样及方案评估	后续

图4-2 文创产品设计过程规划范例

二、文创产品市场调查

文创产品市场调研是一种有计划、有组织的活动，必须遵照一定的工作程序，才能有条不紊地实施调查，进而取得预期的效果。文创产品市场调研的程序一般可分为确定调查主题与调查目标、制订调查计划、确定调查方法、实施调查计划、提出调查报告5个主要阶段。

1.文创产品调查主题与调查项目的确定

在文创产品市场营销决策过程中，涉及的范围和内容非常广泛，需要进行调查的问题也很多，不可能通过一次市场调查解决所面临的全部问题。所以，在组织每次市场营销调研活动的时候，应当首先找出需要解决的最关键、最迫切的问题，选定文创产品调查的主题，明确这次调查活动要完成什么任务、实现什么目标。在确定调查主题时，应对主题进行限定，避免调查主题不明确、不具体的现象。当然，调查主题的界定也不能太窄、太细微，如果调查主题选得太窄，就不能通过调查充分反映市场营销的情况，使调查起不到应有的作用。

根据文创产品调查主题的性质和调查目的的不同，调查项目可以分为探索性调查、描述性调查和因果关系调查3种类型。

（1）探索性调查。一般是在调查主题的性质与内容不太明确时，为了了解问题的性质、确定调查的方向与范围而进行的搜集初步资料的调查。如一个文创企业在自身的经营活动中发现近几个月文创产品销量存在下降的情况，其原因可能是竞争者争夺了市场、市场上出现了新的替代品、受众的爱好发生变化或文创企业产品质量出现问题。此时，文创企业就可以通过探索性调查寻找症结，通过探索性调查了解情况，以及时发现问题，从变化的市场环境中发掘出对市场营销决策有积极意义的新因素。

（2）描述性调查。描述性调查是一种常见的调查，通常是对文创市场营销决策所面临问题的不同因素、不同方面的调查研究。描述性调查强调资料数据的采集和记录，着重于客观事实的静态描述。在作文创企业短期营销战略调整时，需要对近些年文创产品需求发展变化作出分析与预测。而长期的战略调整则依赖于对现实及未来相关情况的了解，需要对城乡居民的收支结构及变化情况、产品社会拥有率、饱和度和普及率，并且要对现有其他竞品的生产现状等情况作全面调查。此类调查基本上属于描述性调查。

（3）因果关系调查。因果关系调查是为了分析市场营销活动的不同要素之间的关系，查明导致某些现象产生的原因而进行的调查，文创企业在经营活动中，多种因素间存在着许多关联，如有些数值是文创企业自身可控制的变量。如文创产品产量、价格、人员及费用开支等；有些则不同，其变化是受多种因素的影响，如销售额、产品、成本、企业利润等。通过因果关系调查，要搞清某种变量的变化究竟受到哪些因素的影响，多种因素的变化对变量的影响程度如何以及这些影响因素将会发生怎样的变化等。

2. 文创产品调查计划的制订

文创产品调查主题与调查目的确定之后，市场营销调研人员就应当准备一份专门的调查计划。文创产品调查计划的内容包括资料来源、调查对象、调查方法等项目。

（1）确定文创调查资料来源。文创产品调查计划必须考虑资料来源的选择。调查资料按其来源分类，可分为第一手资料和第二手资料。

① 第一手资料指为了调查目的采集的原始资料。大部分市场营销调研项目都需要采集第一手资料。采集第一手资料的费用一般比较高，但得到的资料通常与需要解决的问题关系更为密切，第一手资料常常来自实地考察和深度访谈等。

② 第二手资料指为了调查目的而采集的已有资料。文创产品市场调查人员常常以查阅二手资料的方式开始调查工作。与收集第一手资料相比，收集第二手资料的费用通常要低得多。但文创产品市场调查通常以第一手资料为主，博物馆文创侧重文物、典籍、历史等资料的梳理；旅游景区侧重对地域文化、景观特色、民俗文化等资料梳理。如图4-3所示，为武汉地域文化调研相关资料展示。

图4-3　武汉地域文化调研相关资料

（2）确定文创市场调查对象。根据文创产品市场调查对象的范围大小，市场营销调研可以分为普遍调查和抽样调查两大类。

普遍调查可以获得全面的统计数字，但实施起来费时费力，成本太高，通常只是由政府机构为了某些特定的目的才采用，如人口普查、经济普查等，在文创产品市场营销调研中则极少使用普遍调查。抽样调查是对调查对象总体中的若干个体进行调查，文创产品市场营销调研通常采用抽样调查的方法。抽样调查的种类很多，一般可分为非随机抽样调查和随机抽样调查两大类。非随机抽样调查的样本是由调查者凭经验主观选定，因而选取的样本能否代表调查的总体取决于调查者的经验与判断，容易受到调查者主观意识的影响，使得调查结果误差较大，不能正确地反映调查对象总体的实际情况。如果调查人员经验丰富，有时非随机抽样调查也不失为一种简便的抽样调查方法。

随机抽样调查是根据随机原则从调查总体中选取一部分调查对象作为调查样本，用样本数据推算总体的一种调查方法。根据随机原则抽样，可以排除抽样时主观意识的干扰，使总体中每一个个体被抽取的机会都是均等的，从而保证样本对总体的代表性。这样，就可以根据抽样调查的结果来推算总体的情况。由于随机抽样的特点和优越性，它在市场营销和设计调研中被广泛运用。例如在针对武汉旅游纪念品市场调查，我们从三个方面进行了调查：①对来武汉旅游的1000位外地国内旅游者进行抽样调查；②对武汉旅游商品的设计、生产、销售及研究人员进行了抽样调查；③设计了多套网络问卷对武汉旅游纪念品市场进行了自由调查。

根据抽样技术的差别，主要有随机抽样柚样和非随机抽样方式。

随机抽样。随机抽样即样本的确定不受人们主观意志所支配，而是采取一定的统计方法进行抽取，总体中的每一个个体被抽取的机会都是等同的。具体的随机抽样方法有以下几种。①单纯随机抽样法。首先将总体中的每一个个体随意地标上不同编号，然后随机地抽取样本进行调查。②系统抽样法。首先将个体按序（如按收入的高低等）编号；然后按等间隔抽取代表各种特征的样本，进行调查。③分层随机抽样法。首先按照不同特征进行分类，然后随机分层抽样并调查。④分群随机抽样法。首先将调查总体分成若干个区域（群），然后选择一群或数群，在其中运用分层抽样或单纯随机抽样法进行调查。

非随机抽样。非随机抽样法抽取的样本往往受调查者主观因素的影响，抽样方法主要有以下几种。①便利抽样法。样本的选择完全按调查人员的方便而定。②判断抽样法。调查者根据经验来确定调查对象。③配额抽样法。调查者根据项目需要，确定各类调查对象的比重，然后按数额来进行抽样。

3.文创产品调查方法的确定

在文创产品市场调查中，对数据资料的采集可以借助以下几种较为常用的调查方法：深度访谈法、人员直接观察法、问卷法。

（1）深度访谈法。深度访谈法又称临床式无结构访问，即由训练有素、沟通技能较强的文创市场调查员直接与被调查者进行面对面的询问及讨论，以了解调查对象对某些问题的情感、动机、态度、观点等。深度访谈法是定性研究中经常采用的资料收集方法之一，主要是利用访谈者与受访者之间的口语交流，达到意见的交换，但也要注意访谈技巧。

① 深度访谈的优缺点。

优点：a.灵活、细致。由调查人员提出的多个可自由讨论的问题，便于对复杂的问题进行详细的讨论。b.沟通性较强。一对一的良好的沟通气氛，可缓解因调查内容产生的紧张情绪，可以获得更深层次的洞察。c.减少语意表达的失误，确保被访对象能明确无误地理解问题的含义。d.调查人员易作可信度评估，辨别其回答的真实程度。

缺点：a.受调查人员的素质影响，调查质量很大程度上依赖于调查人员的沟通能力和访谈技巧。b.统计汇总和数据处理较困难，需要专业分析人员进一步归纳和判断。c.时间长、费用高，实地调研中深度访谈的样本量通常有限。

② 深度访谈的调研流程。

a.确定访谈对象和准备记录工具；b.准备背景资料和询问提纲；c.自我介绍并说明访谈目的；d.控制和引导被访对象；e.整理和统计分析。调研完成后调查人员要及时整理调查笔记，检视、补记遗漏的项目。完成调查后，通过统计分析找到需求，以便进行下一步工作。如图4-4所示，对深度访谈结果进行统计和图式化整理。

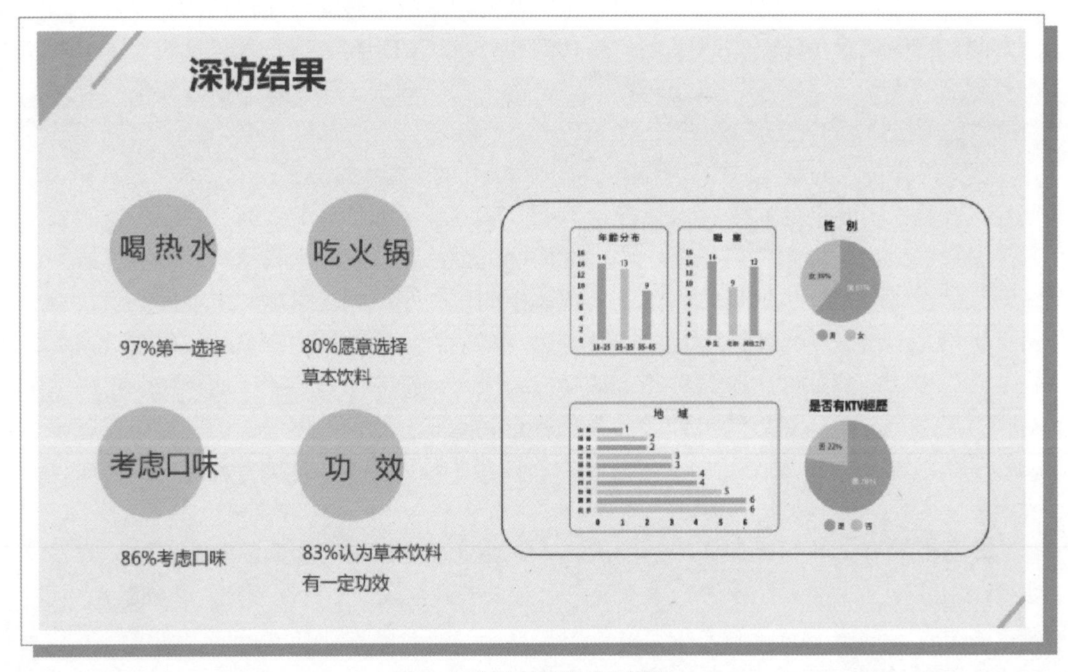

图4-4 深访结果图式化整理

③ 深度访谈的操作技巧。注意访谈场所和仪表举止要求。尽可能选择环境比较和谐宁静的空间访谈。调查人员是公司形象的代表，在被访谈对象前应表现出良好的修养与个人素质。调查人员穿着力求清洁简朴，目光温和，平视对方，不可盯视对方或左顾右盼。语言表达要清晰、准确，提问简单明了。言谈友善谦和，耐心倾听并鼓励被访对象表述自己的观点。

（2）人员直接观察法。观察法是一种单向调查法，主要是由市场调查人员通过直接观察人们的行为，进行实地记录，从而获得所需资料。人员直接观察根据其具体操作方式，可分为单向观察、行动跟踪等形式，操作较为简便，但需要观察人员具有较强的洞察能力。如图4-5所示，即为该方法应用的一个具体范例。某具有台湾风情的特色景区，通过对观光人群的出行方式、购买行为、市场产品现状等进行直接观察，可对典型人群、产品现状等进行简单描述和分类，后续可结合其他调研方式得到更为全面和详尽的调查报告，以便后续的设计创作和营销。

(a) 典型人群分类

现有产品	量	备注	需求
外来产品	多	多为台湾特色和其他产品，如酒、工艺品	--
“吃玩”项目	多	台湾小吃、拓展项目等	--
根据市场重新创作的产品	少	产品开发较为大众、无序、针对性不强	需开发，但应注重差异化、个性化
本土特色和寄托文化情怀的产品	少	本土特色产品仅限土特产、现有产品纪念价值不高	需大量开发，将文化特色融入产品

(b) 产品现状描述

图4-5　直接观察法

① 单向观察。单向观察是调查人员通过单向镜，了解特定场景下受众的言行和表情。其关键是必须始终使被调查对象处于不知觉的状态，以得到真实洞察。

a. 文创产品调研：观察受众使用文创产品和服务的过程。观察受众使用文创产品的习惯，在使用过程中会出现哪些痛点，从而找到文创产品改良创新的机会。

b. 受众体验标准调研：观察受众的询问内容与顺序。调查人员用“蹲守”或角色扮演的方式，记录受众客群咨询哪些问题、询问这些问题的顺序等，从而分析出各种类型受众的产品体验。

② 行动跟踪。调查人员在旅游景区和博物馆等，可通过游客的行动路线分析游客的兴趣点，重点关注游客停留时的接触点，进行针对性的文创设计。

（3）问卷法。问卷法是定量研究的常用方法之一，是调查者向调查对象了解情况或征询意见的调查方法。问卷包含一系列开放式和封闭式的问题，分别要求被调查者选择判断和写出相应的答案。

问卷的调查方法运用的技巧关键在于问卷的设计、调查对象的选择和环境控制三点。

首先，问卷设计需要把握调查对象的心理特征，遵循一定的心理顺序，以防受访者感到不舒服。其次，了解调查对象对问卷语境的理解能力，调查对象选择是否准确、问卷的问题设置是否能够洞察调查对象动机，调查人员应做好事前预判。最后，为适应不同受众和环境，应设置好问卷的层级和逻辑，避免调查对象过于单一，从而得到不同层次人群的需求数据。

问卷调查法的优势是成本低、数量大，能够较快地得到反馈。在互联网时代，在线问卷也提供了许多便利，受到的限制也会更少。武汉礼物问卷调查（图4-6），合计发出问卷1659份，其中参与网络问卷1153份（符合要求的1085份），执行纸质问卷506份（有效问卷478份），网络和纸质有效问卷一共1563份，对武汉旅游纪念品市场多层次、多角度、多方位地进行了了解。

武汉礼物问卷调查表

个人信息：

1. 您的性别：

A.男 B.女

2. 您是：

A本地游客 B外地游客

3. 您的年龄

A.14岁以下 B. 15-24岁 C. 25-44岁 D. 45-64岁 E. 65岁以上

4. 您的学历：

A.初中及以下 B.高中或中专 C. 大专 D. 本科 E. 研究生及以上

5. 您的职业：

A教师 B学生 C公务员 D白领 E退休在家 F自由职业者 G:设计师

1：影响您购买武汉旅游商品的首要因素：（最多三项）

A：价格

B：质量

C：外观

D:纪念意义

E：创新及趣味性

F：便携性

G：实用即功能

2：您能接受的武汉旅游产品的价格区间为？

A. 10—50

B. 50—100

C. 100—500

D. 500—1000

E:1000 以上

3：您购买武汉旅游商品的频率（）

A. 从不

B. 偶尔

C. 经常

D. 每次都会

5：武汉建立统一的旅游商品购物场所，而且您可以网上订购，您会？

A. 商品旗舰店购买

B. 就近原则，在附近购买

C. 网上购买

D. 其他

6：您在旅游过程中，会因为以下哪些情况购买纪念品

A. 旅游留念

B. 送人需要

C. 小产品很实用

D. 收藏大师作品

E. 自己喜欢

F. 其他:

7：您购买时最看武汉旅游品以下哪些因素？

A. 图案寓意

B. 工艺精良

C. 产品功能性

D. 价格合理

E. 加如现代元素

8：在武汉买旅游纪念品会选择那种风格

A. 具有武汉明显特色

B. 古典韵味强烈的

C. 有创新创意性的

D. 其他

请注明:

9：您印象中的武汉元素或经典象征是？（任选五项）

10：您认为旅游纪念品的视觉设计重要吗？

A. 很重要，能刺激我购买欲望

B. 还行

C. 有一点作用

D. 和我购买的纪念品没有任何关系

11：您认为，现在武汉旅游纪念品面临的主要问题？

A. 题材老套，不够新颖

B. 定价虚高与本产品的价值不符

C. 显得不高档

D. 产品质量不高

E. 设计不吸引人:

图4-6 武汉礼物问卷调查表

4. 实施文创市场调查计划

实施文创市场调查计划包括两个步骤：文创市场数据资料的收集和文创数据资料加工处理和分析。

（1）数据资料的收集。文创团队的领导者要时刻注意经常调查，防止调查中出现偏差，以确保调查计划的实施。比如，在进行观察法调查时，要防止调查人员出现遗漏信息等差错；在进行询问法调查时，要防止调查人员有意或无意地诱导调查对象做带有倾向性的、不诚实的回答，要协助解决可能发生的调查对象拒绝合作等问题；在进行实验法调查时，要正确控制实验条件，保证获得的实验结果的客观性和可靠性。

（2）数据资料的加工处理和分析。对收集到的数据资料必须经过科学的加工处理，才能做到去伪存真、去粗存精。数据资料的处理包括对调查资料的分类、综合与整理。数据资料加工处理中的关键是保证信息的准确性与完整性。

调查资料经过加工处理后，就可以对它进行分析，以获得调查结论。依资料分析的性质不同，可以有定性分析与定量分析；依资料分析的方式不同，可以有经验分析与数学分析。当前的趋势是，越来越多的企业借助数学分析方法对调查资料进行定量分析。

利用先进的统计学方法和决策数学模型，辅之以经验分析与判断，可以较好地保证调查分析的科学性和正确性。

5.提出文创市场调查报告

在对文创市场调查资料分析处理的基础上，调查人员必须得出调查结论，并以调查报告的形式总结汇报文创市场调查结果。通过调查报告可以初步了解文创市场发展现状，从而根据市场提出设计策略和解决方案，调查报告对于决策人员、文创设计师、营销人员等都具有重要的参考价值。

第二节　文创产品受众行为分析与用户画像

一、文创产品受众行为分析

文创产品市场研究的重点是对受众行为进行分析与研究。营销的目标是提供文创产品使受众的需要得到满足。这就需要了解所面对的顾客的购买动机、需要和偏好，同时对顾客进行分析研究，这可以为开发新产品、价格、渠道、促销及其组合提供线索。受众行为分析主要包括：受众市场，受众购买行为模式及类型，影响受众购买行为的主要因素，受众购买决策过程等。

1.文创产品受众行为分析的主要内容

从心理学角度分析人的动机、感觉、学习、态度和个性，帮助营销者了解购买者的购买心理活动及其对购买行为的影响。

① 从社会角度研究分析社会阶层、家庭结构、相关群体等对于购买者行为的影响。

② 从传播学角度研究分析购买者如何收集产品信息、收集信息的渠道以及他们对产品宣传的反应等。

③ 从经济学角度研究分析购买者经济状况如何影响购买者的产品选择、费用开支以及如何作出购买决策以获得最大的满足。

④ 从文化人类学角度研究分析人类的传统文化、价值观念、信仰和风俗习惯等对购买者行为的影响。

2.文创产品市场及受众购买行为分析

文创产品市场也称文化受众最终市场。这个市场的顾客，是广大关注文化的受众，购买的目的是满足个人或家庭的文化生活需要，没有营利性动机。文创产品受众的特点，决定了受众市场的特征。

① 市场广阔，购买人群常较为集中，如博物馆、旅游景点等。

② 市场需求弹性较大。文创市场的产品种类繁多，常针对受众进行高、中、低档分层分析。

③ 专家购买。文创产品市场的购买者大多数具备一定的文化认知。

④ 购买时。在乎情感和印象，因此他们的购买决定容易受文创宣传、文化情景空间和服务等的影响。

⑤ 除少数高档耐用文创产品外，一般不要求技术服务。

3. 文创产品受众购买行为模式

文创产品受众购买行为十分复杂，受众在购买文创产品或服务过程中会发生的一系列行为反应。它是一个行为过程系统，此系统一般包括六个要素，即“5W1H”——谁买（Who），买什么（What），为什么买（Why），什么时候买（When），什么地点买（Where），如何买（How）。

文创产品受众购买过程中所发生的一系列行为反应犹如一只“黑箱”，看不见，摸不清。外部刺激经过“黑箱”产生反应后，引起行为。因此，受众购买行为是“刺激—反应（S—R）”的行为。受众购买行为的详细模式如图4-7所示。

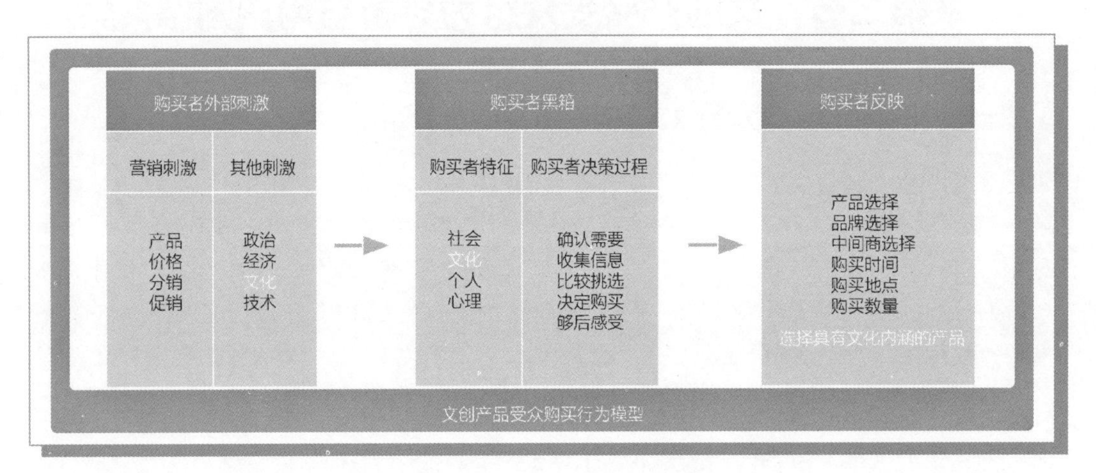

图4-7　文创产品受众购买行为的模式

图4-7显示了外部刺激进人“黑箱”后产生一系列反应的过程。购买者外界的刺激包括两类：一类是营销刺激，主要是指企业营销活动的各种可控因素，即“4Ps”——产品、价格、分销和促销；另一类是其他刺激，主要指受众所处的环境因素，如政治、经济、文化、技术等的影响，这些刺激通过购买者的“黑箱”，即心理活动过程产生一系列反应，就是购买行为，文创产品购买受文化的刺激因素较大。

刺激和反应之间的购买者黑箱包括两个部分。第一部分是购买者的特性。购买者特性主要包括影响购买者的社会、文化、个人和心理因素。这些因素会影响购买者对刺激的理解反应，不同特性的受众对同一种刺激会产生不同的理解和反应。第二部分是购买者的决策过程，具体包括确认需要、收集信息、比较挑选、决定购买、购后感受五个阶段。这会导致购买者的各种选择，并直接影响最后的结果。

4. 影响文创产品受众购买行为的因素

受众的购买行为取决于他们的需要和欲望，而人们的需要和欲望以及消费习惯和行为，是在多种因素的影响下形成的。这些因素主要包括受众个人的内在因素，如受众个人特征和心理因素；也包括其外在因素，如文化因素、社会因素等。这些因素大多数是营销人员无法控制，但又必须要加以考虑的影响因素。

（1）文创产品受众个体特征。个体的某些特征会对购买行为产生影响，特别是购买者的年龄、经济能力、职业、生活方式和个性，这些特征值得企业加以重视。个体特征不同，购买方式、品类、动机也各不相同，如从年龄来看，儿童喜欢玩具、文具等商品，老人则注重养生；从职业来看，教师更关注具有文化内涵的产品，设计师喜欢具有设计感的商品；从经济能力来看，高收入群体消费能力强，喜欢艺术品位高、能够代表身份的产品，低收入群体则较关注实用性产品。文创产品设计师对受众个体进行分析，根据个体的行为特征，能够更准确地选择产品品类作为文创的产品的载体。如湖南省博物馆根据受众特征设计出了针对中老年群体的养生产品，青年群体的护肤产品，儿童群体的玩具拼图等趣味产品。如图4-8所示，即为湖南省博物馆推出的文创产品——“铜趣大冒险”系列，根据文物形态进行提取萌化，符合儿童群体需求。

图4-8　铜趣大冒险（湖南省博物馆）

（2）文创产品受众的心理因素。西方心理学者层提出一些不同的人类动机理论，对受众行为分析和市场营销的策略有一定的参考价值，其中最为流行的人本主义哲学家马斯洛的“需求层次”理论（图4-9）。马斯洛按需要的重要程度排列，把人类的需要分为五个层次：生理的需求、安全的需求、社会的需求、尊重的需求和自我实现的需求。值得注意的是，由于文创产品的情感溢价，往往能够满足受众更高层次的需求。

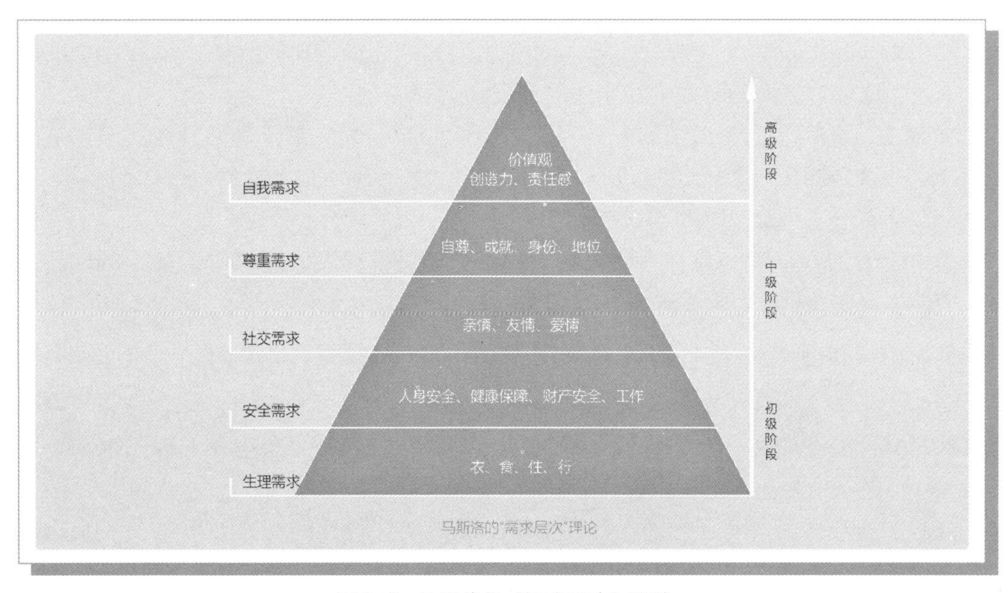

图4-9　马斯洛的“需求层次”理论

生理需求：包括饥饿、渴等衣、食、住、行方面的需求，是人最基本最重要的需求。

安全需求：主要是为保障人身安全和生活稳定，表现形式为医疗保健、卫生、保险等需要。

社会需求：包括感情、合群、爱和被爱等需求；希望被群体承认或接纳，能给别人爱和友谊等需要。

尊重需求：自尊和被别人尊重的需要，包括威望、成就、名誉、地位和权力等需要。

自我实现需求：这是最高层次的需求，它是指希望充分发挥个人的能力及获得成就的需要。

马斯洛的“需求层次”理论的核心是：人类具有不同层次需求和欲望，随时有待满足。

（3）影响受众的文化因素。文化是影响人们需求与购买行为的最重要因素。文化是相对于经济、政治而言的人类全部精神活动及其产品。人们的行为大部分是经后天学习而形成的，在一定的文化环境中成长，自然形成了一定的观念和习惯。文化主要包括亚文化和社会阶层两方面的内容。

① 亚文化。任何文化都包含着一些较小的亚文化群体它们以特定的认同感和社会影响力将各成员联系在一起，使这一群体持有特定的价值观念、生活格调与行为方式。亚文化群体主要包括民族群体、宗教群体、种族群体和地理区域群体。

② 社会阶层。每一类型的社会中都有各种不同的社会阶层。这些社会阶层有其相对的同质性和持久性，它们按等级排列，每一阶层的成员都具有类似的兴趣、价值观和行为方式。个人能够改变自己的社会阶层，既可以晋升到更高阶层，也可能下降到较低的阶层。

（4）社会因素。消费行为不但受广泛的文化因素的影响，同时也受社会因素的影响。社会因素是指受众周围的人对他（她）所产生的影响，其中以受到相关群体、家庭、社会角色和地位的影响最为重要。

① 相关群体。所谓相关群体，就是能直接或间接影响人们态度、行为和价值观的群体。即人们所属并且相互影响的群体。对受到相关群体影响比较大的产品和品牌的生产企业来说，重要的工作便是如何找出该群体的“意见领袖”。

② 家庭。购买者的家庭成员对购买者的行为影响很大。每个人都会受双亲直接教导或潜移默化获得许多心智倾向和知识、价值观等。部分认知则是来自自己的配偶和子女。家庭组织是文创产品最重要的购买单位。

③ 角色和地位。角色是指一个人在不同场合中的身份。人在不同群体中的位置可用角色和地位来确定这些都会影响其购买行为。

5. 文创产品受众购买行为的决策过程

文创产品受众购买行为决策过程是程序过程和心理过程的统一。受众购买行为的程序过程是受众外在购买行为的表现。购买行为的心理过程是受众内在的行为推动，两者共同体现在购买行为决策过程中。

（1）文创产品受众购买行为的程序过程。受众购买行为的程序过程是指受众购买行为中言行举止发展的事务顺序。它包括问题认识阶段、信息调研阶段、选择评价阶段、购买决策阶段和购后评价阶段。值得注意的是，消费者对于文化的考虑贯穿整个购买行为过程（图4-10）。

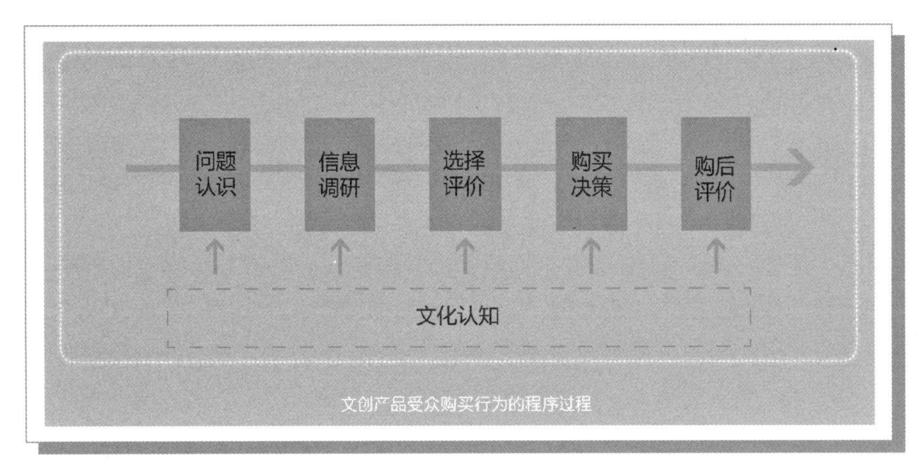

图4-10　文创产品受众购买行为的程序过程

（2）文创产品受众购买行为的心理过程。文创产品受众购买行为的心理过程是指受众购买行为中心理活动的全部发展过程，是受众不同的心理现象对客观现实的动态反映。这一过程与上述购买行为的程序过程平行发展，一般分为六个阶段，即认识阶段、知识阶段、评定阶段、信任阶段、行动阶段和体验阶段；这六个变化阶段，可以概括为三种心理过程，即认识过程、情绪过程和意志过程（图4-11）。

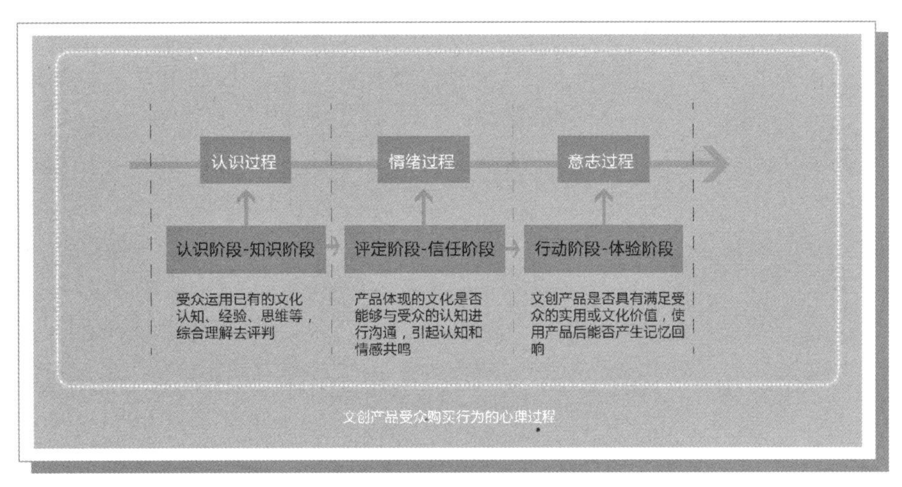

图4-11　文创产品受众购买行为的心理过程

二、文创产品用户画像

用户画像又称为用户角色，它是建立在一系列真实数据之上的目标用户模型，能够完美诠释一个用户的信息全貌。交互设计之父，库珀设计公司总裁艾伦·库珀在IDEO设计公司工作期间，最早提出了“人物角色”的概念。为了让产品开发不是因个人的喜好而定，于是将焦点关注在目标用户的动机和行为上，库珀认为需要建立一个真实用户的虚拟代表，即在深刻理解真实数据（性别、年龄、家庭状况、收入、工作、用户场景/活动、目标/动机等）的基础上“画出”一个的虚拟用户。

文创产品用户画像需要坚持三个原则，分别是以人口属性和信用信息为主，强相关信息为主，定性数据为主。用户画像和用户分析时，需要考虑强相关信息，不要考虑弱相关信息，这是用户画像的一个原则。用户画像要从实用角度出发，可以将用户画像信息分成五类信息。分别是人口属性、信用属性、消费特征、兴趣爱好，社交属性。它们基本覆盖了业务需求所需要的强相关信息，结合外部场景数据将会产生巨大的商业价值。它是根据用户社会属性、生活习惯和消费行为等信息而抽象出的一个标签化的用户模型。构建用户画像的核心工作是给用户贴“标签”，即通过对用户信息分析而来的高度精练的特征标识。利用用户画像不仅可以做到产品与服务的“对位销售”，而且可以针对目标用户进行产品开发或者服务设计，做到按需量产、私人定制，构建企业发展的战略。

建立用户画像的方法主要是调研，包括定量和定性分析。在产品策划阶段，由于没有数据参考，可以先从定性角度入手收集数据。如可以通过用户访谈的样本来创建最初的用户画像（定性），后期再通过定量研究对所得到的用户画像进行验证。用户画像可以通过贴纸墙归类的方法和图示化来逐渐清晰化。首先，可以将收集到的各种关键信息做成卡片，请设计团队共同讨论和补充。其次，在墙上将类似或相关的卡片贴在一起，对每组卡片进行描述，并利用不同颜色的便利贴进行标记和归纳。再次，根据目标用户的特征、行为和观点的差异，将他们区分为不同的类型，每种类型中抽取出典型特征，赋予名字、一张照片、一些人口统计学要素和场景等描述，最终就形成了一个用户画像。如针对旅游行业不同人群的特点，其用户画像就应该包括游客（团队或散客）、领队（导游）和利益相关方（旅游纪念品店、景区餐馆、旅店老板等）。用户画像需要具体细分到某一类人群才会更有价值，比如老师、学生、企业主等。如图4-12所示，即为湖北省博物馆所做的散客调研，针对企业管理层简易用户画像。

图4-12 企业管理层用户画像

腾讯CDC公益团队在

进行服务设计的用户研究中就将游客、当地农民和城镇青年的不同诉求归纳成三类用户画像。他们还结合了真实的调研数据，将用户群的典型特征加入到用户画像中。与此同时，调研团队还在用户画像中加入描述性的元素和场景描述，如愿景、期望、痛点的情景描述。由此让用户画像更加丰满和真实，也更容易记忆并形成团队的工作目标。用户画像制作中需要注意的问题如下。① 要建立在真实的数据之上。② 当有多个用户画像的时候，需要考虑用户画像的优先级。如果为几个用户画像设计产品，往往容易产生需求冲突。③ 用户画像是处在不断修正中的。随着调研的深入，会有更清晰准确的用户定位。

第三节　文创产品定位与头脑风暴

一、文创产品定位

文创产品定位是指文创产品在未来潜在顾客心目中占有的位置。文创设计定位是在文创产品设计过程中，运用商业化思维分析市场需求，为新的设计设定一个比较合适的方向，让产品在未来市场上具有足够的竞争力。这也是设计师在正式开始设计之前提出问题和分析问题的一个过程。设计定位的正确与否直接关系到设计的最终成败，产品设计定位要在市场调研和分析的基础上进行，如果没有明确的设计定位，设计师的思路就会任意发挥，从而会失去产品设计的方向和目标，使设计师无法解决产品设计中的关键问题。

文创产品设计定位是进行文创造型设计的前提和基础，在整个文创产品开发设计议程中起着引领方向和目标的作用，所以要先确定定位。但是，设计定位是一个理论上的总要求，主要是原则性、方向性的，甚至是抽象性的。在设计师创作之初，创意总是发散性的、灵活的、不确定的。因此，设计的定位点也就呈现出多种类、多样化的特点。设计过程是一个思维跳跃和流动的动态过程，是一个反复的、螺旋上升的过程。所以，设计目标设定的本身就是一个不断追求最佳点的过程，也是设定产品开发的战略方针。

所谓最佳设计点，是在设计师与受众之间寻求的一种平衡，指既能满足受众需求，又能兼顾设计师的创意的结合点。追求设计目标的最佳点，应集多种条件和基本元素为基点，在这个基础上进行定性定量的分析，根据这些目标反推确立设计定位，这种过程是追求设计目标最佳定位的开发战略，设计定位的最终目的是确定一个合适的产品设计方向，也可以作为检验设计是否成功的标准。设计师在设计中常用的设计定位有如下几种。

1. 文创产品人群定位

在文创产品开发设计中，产品使用的目标人群是一个要首先确定问题。这个产品为谁而设计？性别、年龄、收入等问题必须清晰，找对目标消费群对于确定产品的使用功能来说至关重要。一切的销售行为都针对目标消费群，一旦目标消费群出现错位，就会导致“事倍功半”的局面。例如，在日本经济学家提出的“猫咪经济学”里，以“猫”为代表的周边，往往备受青睐。如图4-13所示，猫爪杯在星巴克官方店上线，而猫爪杯的意外爆红，让原价199元的猫爪杯被爆炒到了1000多元。星巴克借助借“猫奴”文化抓住了“社畜”青年的心。

图4-13　星巴克猫爪杯

2. 文创产品价格定位

现在绝大部分受众对产品的消费都比较理智，他们希望能够买到“物有所值”的，甚至“物超所值”的商品，而文创产品因其情感溢价所带来的附加价值比较多，价格定位也显得尤其重要。价格定位就是依据产品的价格特征，把产品价格确定在某一个区间，在顾客心目中建立一种价格类别的形象。因此，产品的定位不能单纯地划分为低档、中档、高档，而要做好充分的调研工作，全盘考虑。

3. 文创产品功能定位

所谓功能定位就是指在目标市场选择和市场定位的基础上，根据潜在的目标受众需求的特征，结合产品的特点，对拟设计的产品应具备的基本功能和辅助功能做出具体规定的过程。要避免设计“同质化”。凭借文创产品所具备的独特功能，抢占受众大脑里的“功能”专区，明确地告诉受众该款产品能干什么？在生活中能起到什么作用或怎样改变了人们的生活方式。

文创产品使用功能定位并不是一个笼统的概念，而是要满足消费市场一个比较具体化的需要，具备实用价值的文创产品往往更受青睐。比如受众购买雨伞时对产品使用功能定位，要根据人的需求情况，在诸如时尚、挡雨遮阳、轻便、牢固以及是否具有防止刮伤等安全功能上进行斟酌。不同受众对上述使用功能消费有着不同的侧重点，从而形成不同的消费利益群体，针对各种特殊的不同利益群体，最大限度地满足市场各类顾客利益的需要，从而赢得最大的市场销售份额。

4. 文创产品质量定位

也叫品质定位。这个定位方式是通过强调产品的良好品质而对产品进行定位，也就是通过受众对商品品质的认知来激发他们的需求与购买欲望，并在其心目中确定了商品的位置。产品质量的定位，在产品定位中占有十分重要的地位，因为受众在选购商品时，质量问题总是一个首要的问题。质量不好的产品给受众带来的不仅仅是金钱的损失，更多的是精神上的烦恼。在产品的质量上有些追求产品“精良”，做工精细，适用于长期使用和收藏。而有些则主张“用后即弃”，一些不长期使用的产品，只需要在正常的使用过程中满足要求即可，没有必要在质量问题上过于纠结，一味追求过高的质量，可能会造成人力、物力资源的浪费，但也应注重其可持续性等。由于仿冒品、劣质产品较多，文创产品的质量问题是目前比较突出的问题。

二、文创产品开发中的头脑风暴

头脑风暴法又称智力激励法，是在文创产品设计过程中进行设计发想最为常见的一种方式。它是指以会议的方式，在一群人中，围绕某一特定的主题，通过集体讨论发言的形式互相交流，让学习者的思维之间互相撞击、互相启发、弥补知识漏洞，建立发散思维，引起创造性设想的连锁反应，从而获得众多解决问题的方法。

此法易于突破常规思维，最初是用在广告的创造性设计活动中，取得了显著的成效，被称为创造力开发史上的重大里程碑。这一发明，引起全世界的有关学者的兴趣，并激起了开发创造力的热潮。目前，头脑风暴法作为一种创造性的思维方法，在预测、规划、社会问题处理、技术革新以及决策等许多领域中得到了广泛的应用，渐趋普及。

1. 文创产品开发中头脑风暴的原则

运用头脑风暴的思维方法，可以在短时间内集众人智慧，获得比较多的新颖的点子，从而进一步得到解决问题的方法。头脑风暴法要取得成功，在探讨方式，心态上的转变，需要有非评价性的，无偏见的交流，具体而言，需要遵循以下几点原则。

（1）思维开放畅想原则。自由畅想原则提倡求新、求异、求奇。参加者不应该受任何条条框框和传统思维的限制，克服思维上的惯性，尽可能地放松思想，突破自己知识体系。在思考过程中要求从不同维度，不同层次，不同方位，大胆地展开想象，提出独到的见解和想法。有些想法看似天马行空，但有时候通过整合或转化改良，正是这些超乎预计的想象带来新的设计方向。

（2）延迟评判原则。任何想法都是有价值的想法，在进行头脑风暴时，必须坚持不对任何设想作出评价的原则，提出的设想不分好坏，需要一律记录下来。充分肯定设计者的每一个想法，不进行任何消极的评价，避免打断创造性构思过程。评价和判断都要延迟到头脑风暴出点子阶段结束以后才能进行。这样做，一方面是可以防止约束和抑制参与者的积极思维，另一方面是可以集中精力先开发设想，产生更多的创意点，避免把应该在后阶段做的工作提前进行，阻碍创造性设想的大量产生。发言者习惯于用一些自谦或相互讽刺挖苦之词，这些自我批评和相互评判性质的说法往往会破坏套脑风暴的思维环境，影响到自由畅想。

（3）追求数量优先原则。头脑风暴的目标是在有限的时间里是获得尽可能多的设想，设计师自己应提出更多的设想，同时鼓励结合他人的设想提出新设想，追求数量是头脑风暴的首要任务之一。这是因为只有一定的数量产生，才能保证一定的质量，据国外的调查统计结果表明，在同时间内能比别人多提出2倍设想的人，最后产生的有实用价值

图4-14　头脑风暴

的设想可以比别人高出10倍。参加会议的每个人都要抓紧时间多思考，多提设想。至于设想的质量问题，自可留到会后的设想处理阶段去解决。在某种意义上，设想的质量和数量密切相关，产生的设想越多，其中的创造性设想就可能越多。

（4）相互综合完善原则。头脑风暴提出的设想应及时记录下来，不放过任何一个设想，以便后续设计阶段的提取和发散（图4-14）。头脑风暴集中提出设想的阶段结束后，大家一起协商并将所有人的想法进行资源整合。按如下程序系统化：①所有提出的设想编制名称；②用专业术语说明每一个设想；③找出重复和互为补充的设想，并相互提出想法和完善；④分组编制相近或相同性质的设想；⑤ 将提出的设想分析整理，分别进行严格的审查和评议，从中筛选出有价值的设想。

2.文创产品开发中头脑风暴实施程序

头脑风暴是一种发散性的思维方式，但在文创产品开发中具体实施时，需要遵循一个非常完整的程序。从准备阶段，到想法的发现，都会有大量的点子产生，再到最后的综合完善，每一个阶段都非常重要。在实施头脑风暴程序时，应按照以下顺序进行。

（1）“热身”准备阶段。人的大脑不是一下子就可以发动起来并迅速投入高度紧张的工作的，它需要一个逐步“升温”的过程。在头脑风暴开始之前，人们的注意力往往比较散漫，需要经过一个准备阶段的调整。领导者可以将大家直接或间接的带入一些有助于热身和放松心身的小游戏，也可以通过讲幽默故事或适当提出一两个与会议主题关系不大的小问题的形式，将头脑风暴的环境调整到最佳状态。让大家心身得到放松阶段非常关键，甚至直接影响到后续的思维激荡的发散效果，只有在非常惬意、自由的情况下，才能最大限度帮助设计师展开思路，促使设计师积极思考并畅所欲言地说出自己的意见。

（2）提出明确主题。确定欲解决的问题，若解决的问题涉及的面很广或包含的因素太多，就应该把问题分解为若干单一明确的子问题，一次头脑风暴最好只解决一个子问题。由领导者介绍问题，一起讨论问题的核心，可以在头脑风暴进行有针对性的思维发散。领导者介绍问题应简明扼要，不给问题设限，留给设计师较为宽泛的思维空间，利于后期的思维碰撞的广度和深度。在提出问题时，应从多维度、多侧面剖析，从多方面提出问题，注意表达问题的技巧，领导者的发言应注重问题的启发性。

（3）畅所欲言阶段。畅所欲言是思维发散阶段，设计师团队各成员之间最好能够形成思维互补、情绪激励，充分利用联想、想象和夸张等思维方式，达到创造思维的最佳状态。

在畅想阶段，各成员之间不能相互攀谈，应该独立思考，不受他人思维的限制和影响。在方案讨论阶段，各成员之间应该畅所欲言，提出自己在畅想阶段的大量设想，领导者也应适时引导和组织，但不加以限制。

（4）方案完善确定。在畅想阶段所得到的结果往往是没有经过深入思考的一些想法，也没有经过一些维度的限制和评价。在方案完善确定阶段，可根据已有的想法，相互提出之前可能没有想到的设想，进一步地增加更多的想法，然后再进行评价筛选。在筛选时可将设想进行分类，如将明显可行的好点子归为类，明显不可行的、脱离了维度限制的归为一类，经过群体智慧的讨论决定取舍。最后，按照综合要素评价选择最优的几个方案进行进一步讨论和完善，从而得到最佳方案。

头脑风暴可根据实际情况进行程序的调整，比如有时因为时间等因素需要维度限制，但最终目的是为了最大限度地获得更多的想法。有时一次头脑风暴并不能得到自己满意或数量足够的方案，可根据实际情况进行多次头脑风暴，但每次头脑风暴时间间隔不应过于集中。

第四节　文创设计草图表现与效果图表现

一、文创产品三维表现技巧

文创产品设计的表现图是产品造型、色彩、结构、比例、材质等元素的综合表现。人们把产品设计表现图分为设计草图、产品工程制图、建模效果图三大类，产品设计表现图是设计表现中最能深入、真实地表现设计方案的形式，一般以透视画法为基础，通过具体的表现技法和手段进行表现，效果图技能是设计师必备的职业素养之一。设计师需要围绕设计主题表达设计意图和交流设计信息，并在此基础上研究和分析设计思路，完成从最初的构想到产品落地现实的整个设计过程。在这个过程中，设计师经常采用多种媒介对自己的构想和意图进行沟通展示，以求得企业和用户的支持。

1.文创产品设计草图

（1）草图分类。文创产品设计效果图在产品设计过程的各个不同阶段表现的方式也是不一样的，根据在实际设计当中的草图表现，可分为分为概念草图、形态草图和结构草图三种形式。

① 文创产品概念草图。文创产品概念草图是设计师对造型感觉的整体感知和最初思考方向，它是设计师表达概念想法的最简单的草图，是一种比较简化的图形表达方式（图4-15）。一般情况下，此类草图更在于概念形成过程中思维的完整体现，其内涵是通过草图形式展开创意思维，研究形态演变过程，进行产品形态的发想。此类草图只要自己能够理解就足够了，没有必要向他人传达。设计师在最初阶段思考多种造型设计的方向时，需要迅速捕捉头脑中潜意识的设计形态构思，无须过多考虑细部造型处理、色彩、

结构、质感等细节。因此，在表现技法和材料的选择上没有特别要求，铅笔、圆珠笔、签字笔、马克笔均可。

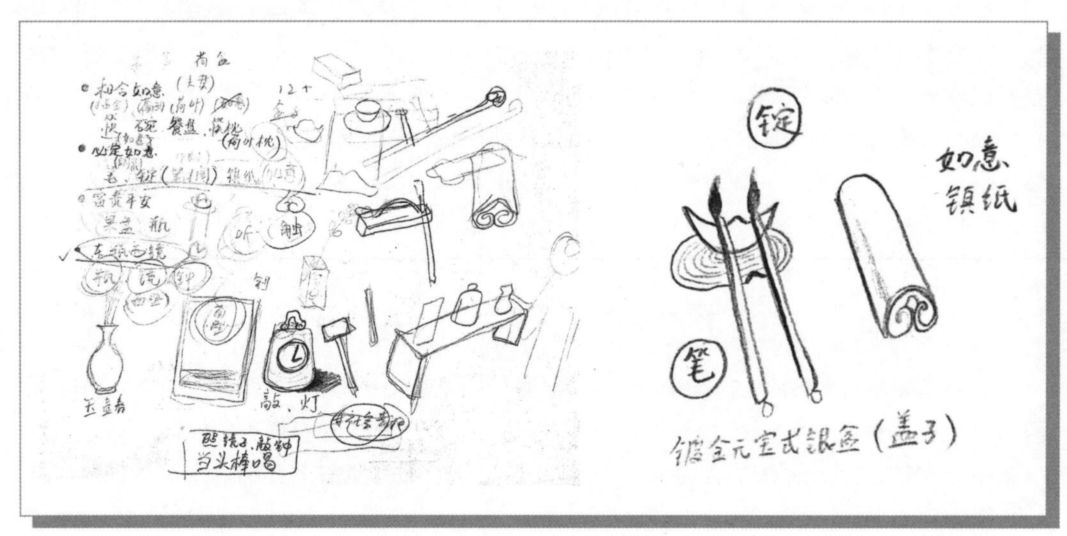

图4–15 产品概念草图（李添吉）

② 文创产品形态草图。所谓形态的草图描绘即是设计师用可视的绘画语言来粗略勾画，它是具体准确表达文创产品设计方案的草图（图4-16）。这种草图可以有局部的变化，以便选择理想的设计方案。形态草图可借助马克笔、水彩、色粉等工具表达。

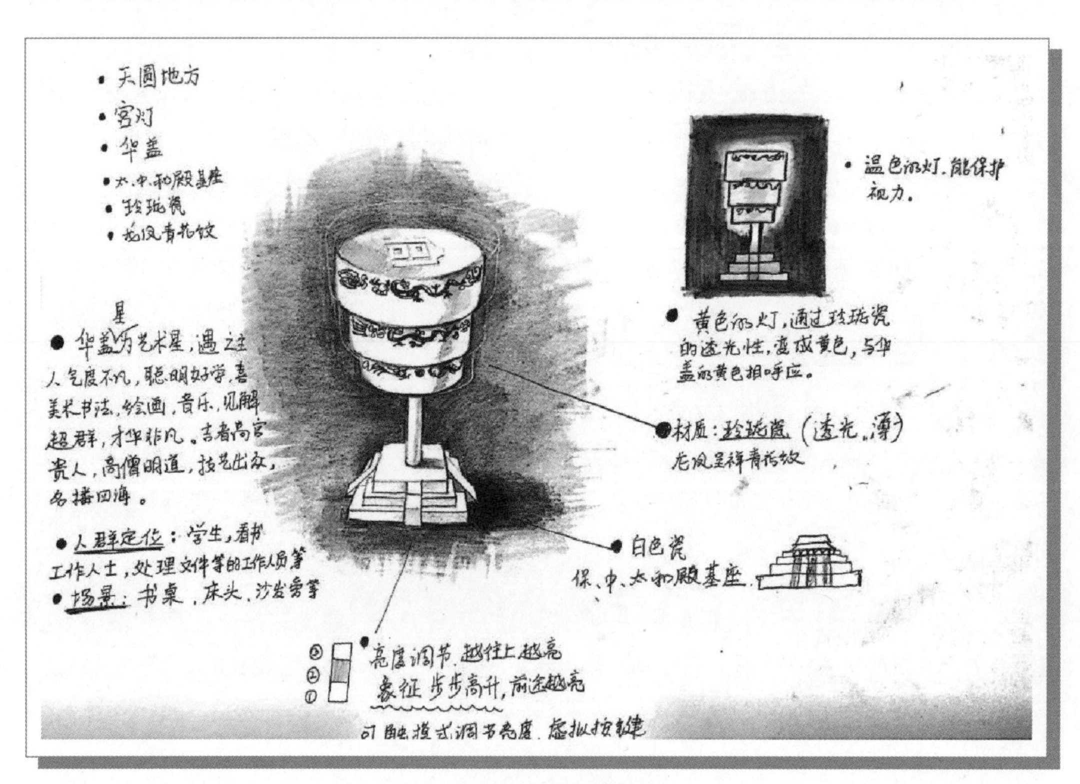

图4–16 形态草图（李添吉）

③ 结构草图。其主要目的是为了找出结构与造型、结构与功能的内在联系，以至于更好的理解、分析产品结构（图4-17）。

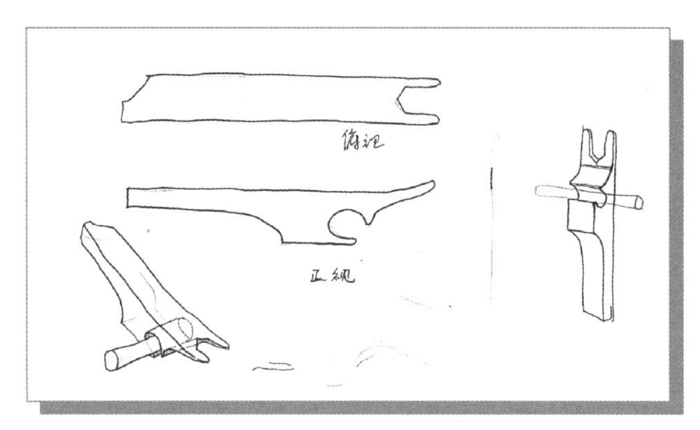

图4–17　产品局部结构草图（李添吉）

（2）文创产品草图的表现技巧及方法。文创产品设计草图表现要求在较短的时间内表达一定的主题和内容，是对整体效果和感觉的记录，无须太多深入的细节刻画。草图表现是产品设计创意呈现的最重要的方式之一，最终的目的是要将创意构思转化为落地的产品，在进行产品草图绘制时需要考虑其特殊的要求，如工艺、材料、功能、人机关系等，力求清晰的表现自己的设计想法，是一种较为理性的表现方式。因此，在产品设计表现中，不需要像绘画那样追求所谓的错落有致，如飞笔、顿笔或颤笔等的表现符号。产品设计表现上，行笔要有光滑流畅感，展现出产品的形态、肌理、材质效果等。

（3）产品设计透视图。“透视”意为“看透”“透而视之”，是指在平面或曲面上描绘物体的空间关系的方法或技术。产品设计中使用的透视法是一种把映入人们眼帘的三维世界在二维的平面上加以表现的方法。由于产品设计要求在有限的时间内，不断深化和完善创意构思，对透视精确度要求不高，因此在快速表现时，无须进行严格的透视作图，但是心中必须要有透视的概念，需要了解和熟悉透视作图的基本原理和基本方法。通过比较多的透视图练习，设计师一般能够较好地掌握透视变化规律和选择表现产品的透视角度和透视方向。

① 产品设计表现透视理论的一般规律。

近大远小：产品存在等长的线条时，远处长，近处短。产品的大小、线的粗细、色彩明度、纯度等都会因视距的变化而变化。

近实远虚：是指因视觉透视形成的近处物象实，远处虚的现象。在产品手绘中表现为线的深浅、冷暖变化、明暗对比强弱等。

产品透视图视平线的高低：视平线是指与眼睛等高，呈现在眼前的一条水平横线。可根据产品主要形态特征和主操作面的位置来确定，以三个观察面为佳。

一般来说，透视的类型透视从总体上可分为两种：焦点透视和散点透视。其中，焦点透视又可以分为一点透视、两点透视和三点透现。其中，三点透视在表现与人体尺度差别巨大的物体时最常用，如在建筑设计中，但在产品设计中一般较少有如此尺寸的物体。一点透视和两点透视在产品设计表现中最为常用。

② 一点透视。一点透视又称平行透视，在其透视结构中，只有一个透视消失点。正

图4-18　手绘效果图（程梅珊）

立面为比例绘制，没有透视变化，适合表现一些主特征面和功能面均设置在正立面的产品，如电视机、仪表等。

③ 两点透视。当物体的一个面和画面成角时，其物体在画面的透视为成角透视，也称两点透视。透视线消失于视平线心点两侧的灭点，适合表现大多数产品。

④ 视角。我们一般把视角分成两种，一种是物体的摆放角度，另一种是我们的观察角度。在这里主要是指观察产品时的角度，即视线与产品所在平面所成的角度。一般来说视角的选取应满足以下两个方面。

必须能够最大限度地展现设计构思及产品的主要特征和细节。

必须有助于确定产品的比例尺度。产品的比例尺度由视线或地平线的位置以及平行线收敛速度所决定。对大的产品观察的视线会比较低，而对较小的产品一般都会从上面观察。必须引起观者的兴趣，使产品的主特征面和功能面占据主要的画面。

此外，表现图的大小也要非常注意，一开始接触产品设计快速表现时，由于比较生疏，常习惯用手腕带动手来画图，往往会显得比较拘谨，画得比较小，应该逐渐熟悉用整个前臂带动手来完成设计表现。对于构思草图，在一张A4纸面上有两至三个草图就可以了。

⑤ 构图。构图指的是运用设计原理，将艺术要素有序地布局在画面上，设计师在有限的空间和平面内，需要对自己所要表现的形象进行有序的组织，形成整个空间和平面的特定结构（图4-18）。众所周知，设计艺术作品必须具备形式美，从而满足人

们的审美需求，而构图形式正是从最基本的方面直接关系到作品的形式美。在方案汇报或参加比赛时，完整的设计快速表现图可以提升作品的“气质”，参加正式的设计方案讨论和评审会也会更容易得到认可。为了时作品获得良好的展示效果，作品的构图和布局是需要认真考虑的。另外，恰当的图标和合理的指示箭头等元素的安排，都会使表现效果更饱满生动，潇洒的签名也能体现出设计师的自信。

2. 文创产品工程制图

在文创产品实际设计过程中，文创产品设计被分为迥然不同的两种程序。一种是工业设计师根据结构工程师设计的产品内部机芯的原理结构图及零部件，合理地安排产品各部件之间的关系，由产品内部出发进行设计；另外一种是由产品设计师首先完成产品的形态设计，然后再由结构工程师依据产品的外观造型来设计内部结构，这是一种由产品外部出发进行的设计这种程序多用于内部结构原理简单的产品。设计师必须了解基本的工程技术语言，了解制图的基本知识，掌握制图的基本技能，了解制图的国家标准和规范，并且能够准确识别和读取制图信息等。

在文创产品工程制图中，通常较为简单的产品设计制图是指产品的三面投影图，也叫三视图——主视图、俯视图、侧视图。如图4-19所示即为产品工程制图。

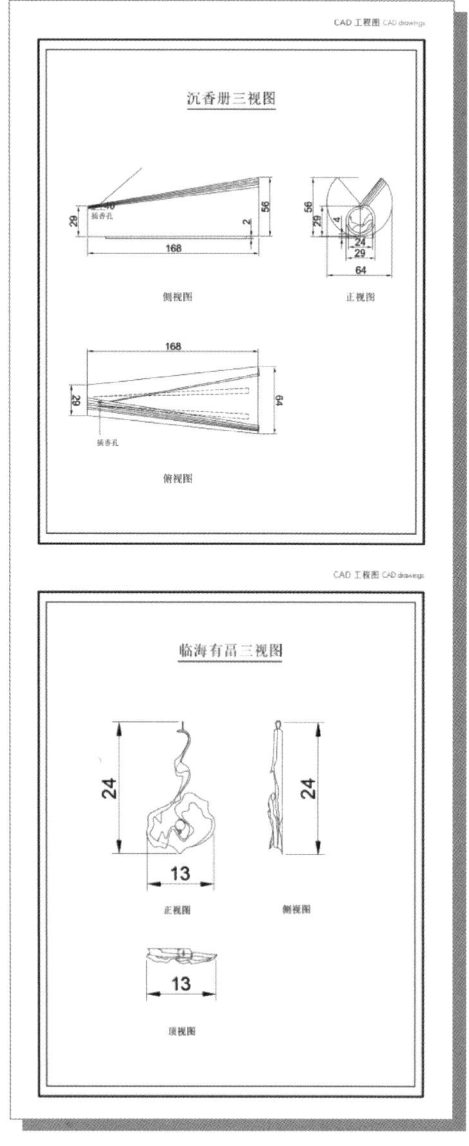

图4-19 产品工程制图（赵世峰）

设计制图是产品设计师创意表达的最后阶段，它联系设计与生产，是把二维设计具体化的必要手段，它为工程结构设计、外观造型加工提供了数据支持，是设计表达不可逾越的阶段。另外，产品工程图也是产品设计表达视觉语言的主要构成，是产品设计师和结构工程师的交流语言。

3. 文创产品建模效果图

文创产品效果图应能清晰、准确地表达产品的造型、色彩、结构、材质甚至功能。在经过对诸多草图方案及方案变体的初步评价与筛选之后，提（选）出的几个可行性较强的方案需要在更为严格的限制条件下进行深化。这时候，设计师必须学会严谨、理性地综合考虑各种具体的制约因素，其中包括比例尺度。在现今的产品设计中，借助于各种二维绘图软件及数位绘图板、计算机辅助设计建模工具是较为常见的形式，计算机辅助设计具有手绘代替不了的优势，它能够有效传达设计预想的真实效果，为下一步进行研讨与实体产品制作奠定基础。

（1）计算机建模。计算机建模是一个使平面化表达变成立体化表达的过程，这样使其更加直观地表达设计师的创意。建模过程也是一个调整过程，在草图设计中，尺寸概念很模糊，难免会有一些出入，建模时可以根据参数进行调整，完善产品的合理性和完整性。

在建模的整个过程中，细节处理也相当重要，产品的细节表现得越丰富，越能够展现产品的真实性，比如边缘的一个小倒角、壳体之间的装饰缝、小图标等。如图4-20所示，即为犀牛建模工作界面。

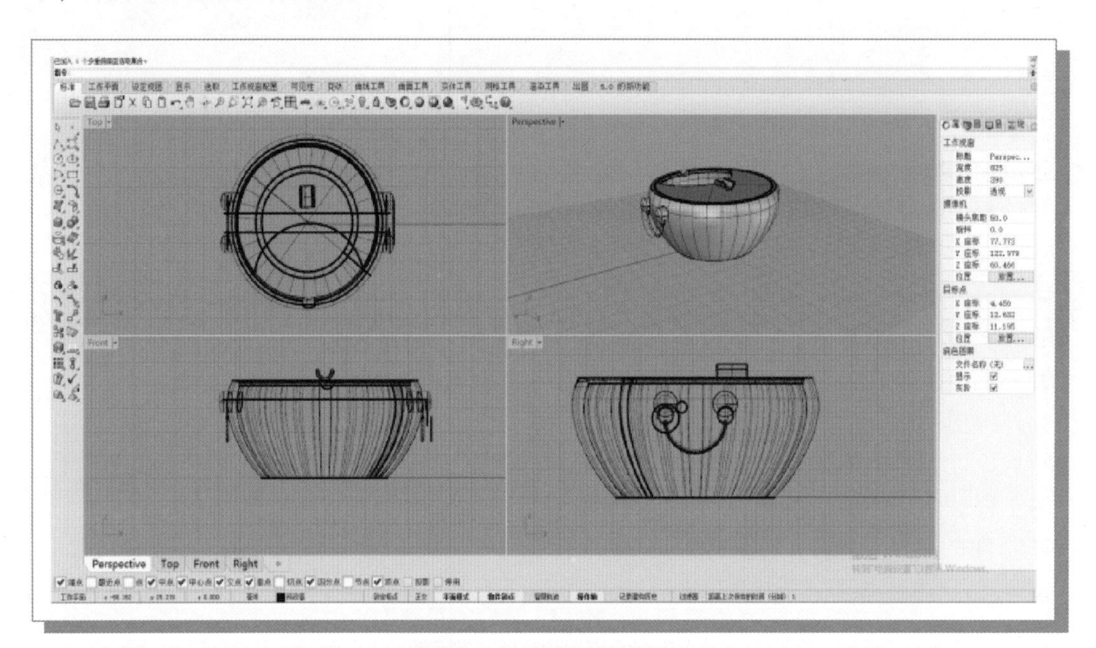

图4–20 犀牛建模工作界面

（2）文创产品的渲染。有个一个说法是“三分设计，七分渲染”，当然这种说法有失全面、客观，但是在一定程度上说明了真实的渲染效果具有很强的说服力。产品的渲染可以使作品看起来更完整，更接近商业的水准，渲染出来的产品一定要像个真实的产品，目的是为了让客户能感觉到它的真实存在。

文创产品的渲染有三个要素：光影（表现产品的细节）、材质（表现产品的质感）、配色（表现产品层次感官）。在渲染的过程中，需要不厌其烦地调整和反复尝试，一定要掌握和领悟这三个要素，以得到最佳的渲染效果。如图4-21所示，即为KeyShot渲染工作界面。

（3）文创产品的效果图处理。效果图处理这一步骤是为了弥补渲染效果的不足和补充。在渲染的过程中，产品的细节和渲染的三要素（光影、材质、色彩）不可能做到尽善尽美，需要用平面软件进行完善，一般使用PHOTOSHOP进行一下处理，如增添标志、优化肌理效果等（图4-22）。

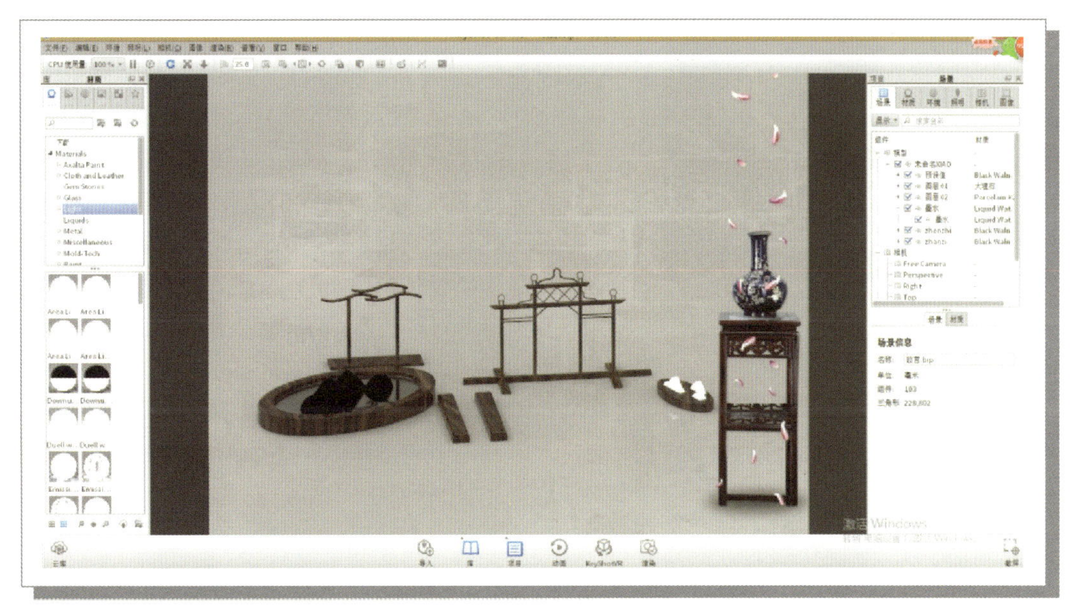

图4–21 KeyShot渲染工作界面

图4–22 效果图处理前后对比（袁诗群、李添吉）

二、平面作品表现技巧

1.视觉元素的提取与转换

（1）概念与符号。所有的设计都是从概念开始的。从概念产生的第一刻起，直至作品的最后完成，设计师要作一系列决策，其中包括图形形状、大小、纹理、色彩、语言形式。先立意，明确概念，再根据概念的特点和表达点去寻找、选择、加工、组织、创造适合的形式和形象，使之成为承载概念的形象载体。

（2）形的提取与衍变。“形”一般指事物所表现出来的物象外形与结构。中国画论中，形似，指再现自然形态的表象因素；神似，则指形象精神因素的表现。取其“形”不是简单地照抄照搬，而是对符号的再创造。这种再创造是在理解的基础上，以现代的审美观念对原有造型中的一些元素加以改造、提炼和运用，使其富有时代特色；或者把

图4-23 “米缸”储钱罐

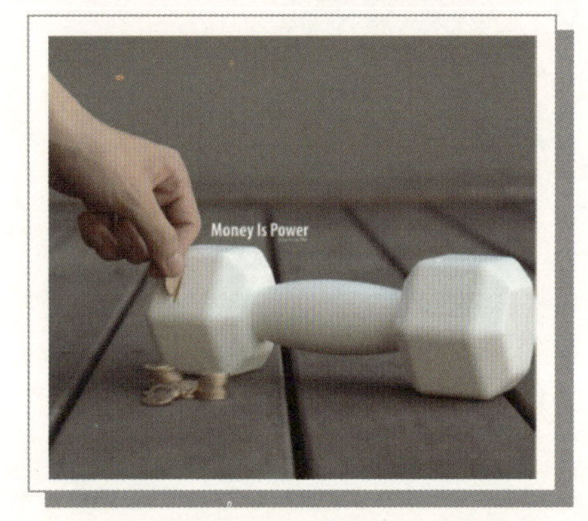

图4-24 “Money is power”储钱罐

已有素材符号的造型方法与表现形式运用到现代设计中来，用以表达设计理念，同时也体现个性。

（3）意的沿用与延伸。不仅要能够对一个基本形进行提炼和创新，同时还要能够探求和挖掘蕴涵在它们背后的“意”。因为不论是古人还是今人，对美好的事物都一样心存向往，所以，除了要把能够让人们达成共识的“意”体现出来，沿用到内涵之中，而且要延展出更新、更深层次的理念精神，使其更具有文化性与社会性，以此作为拓展设计的另外一种方法。在文创产品设计中运用意的衍生，能够更好地传承和传播产品中的文化内涵。在中国传统文化中，在米缸上贴“满”字，寓意粮食丰收，财富充盈，将米缸形态设计成使用于现代生活场景的储钱罐，沿用了米缸财富充盈的寓意（图4-23），而西方名言“knowledge is power”，代表知识的力量，将其设计成储钱罐，延伸了其寓意，充满趣味（图4-24）。

（4）势的体会与传承。“势”通常指图形所蕴含的气韵及其所表现出来的态势和气氛。“势”能传达整个图形的精神。传统艺术在“势”这一点上，特别有代表性的还是中国的书法。书法从观察自然界万物姿态而得到启示，精心结体而成，经过几千年的发展演变，形成了各种不同时代的个性与风格。可以看出：大篆粗犷有力、写实豪放；小篆均圆柔婉、结构严谨；隶书端庄古雅；楷书工整秀丽；行书活泼欢畅、气脉相通；草书飞动流转、风驰电掣。书法不仅重结体，更重笔势。结体仅仅是书法运笔的依据，而书法个性形态的形成还是靠其“笔不到而意到”的笔“势”。“势”的体会与传承是对于“形”和“意”的沿用，可以说是对后者的发展和提升；而一种新形式的创造，是需要摆脱传统的物化表象，进入深层的精神领域去探寻。不同书法风格有不同的势（图4-25）。

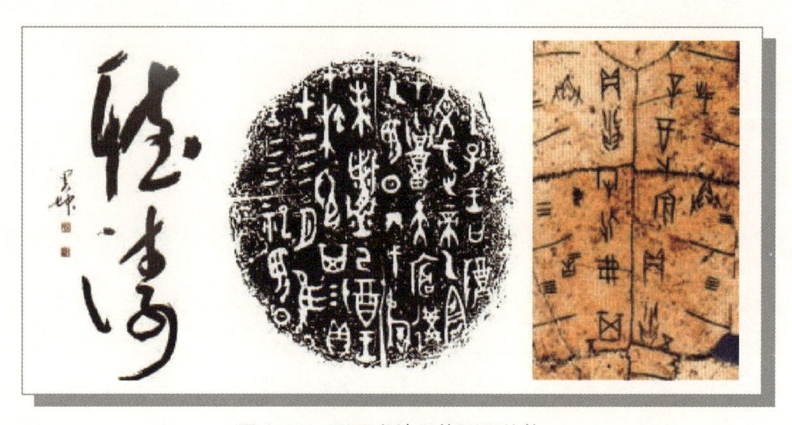

图4-25 不同书法风格不同的势

2. 平面作品表现风格

（1）平面装饰风格。平面化的表现，是图形设计的一大特征。它将现实中的物象，引入并限定在二维空间的范围之内，在二维空间内进行表现，追求饱满、平稳、生动的平面效果。它表现在两方面：其一为造型上的平面化，其二为构图上的平面化。汉代瓦当和画像石在构图中能打破自然和视觉上的局限性，而用一种平视、立视的形式来表现，标志着我国传统艺术的成熟。中国传统的民间剪纸也是采用平面化的形式来进行创作的，题材大都以人物、动物为主，配以植物和风景等作衬托，画面所营造出的是浓郁的生活气息。剪纸的形式是用简练的外轮廓勾画出形象的基本特征，使人一目了然。在布局上有的采用对称的形式，有的采用均衡的手法来处理造型，其中线和面、实和虚的处理都十分自然，体现了一种朴素自然的美感。

平面装饰风格在构图上不受任何约束，不求视觉上的真实，不求再现自然，它突破了时空观念的限定和约束，是写实绘画所无法做到的。骨骼化的构图以线的形象出现，形成框架线和框架形，不同的框架线和框架形可以表达不同的情感，框架线和框架形有时呈显性，有明显的硬边效果；有时则呈隐性，把自身的形态隐蔽到具体图形之中，但两者都起到支撑画面的作用。

在文创产品的设计中元素提取时，平面化的风格是十分常见的。在遵守传统的基础上又进行创新，对所要设计的每个主题都进行深入探索，以发掘出非同寻常的内涵。简洁特别的图形，加上开放的思维，是一个好的图形创意的要素。通过观察，应该对周围的事物有一个全新的认识，养成认真观察事物、归纳总结事物的习惯。如图4-26所示，是一款平面装饰风格作品。

图4-26　平面装饰风格作品（红动中国）

（2）插画风格。插画的范围非常广泛，可以囊括所有的插图，它既是文字的有利补充，同时也是用来传达作者意识，表现气氛、情感或意境的媒介，由于插画带有作者强烈的主观意识，因此它的形式多样，审美标准也具有多元化的特征。文创产品中的插画，既可以是为特定文化内容和场景绘制的，也可以成为表达作者内心情感的载体。如图4-27所示，良品铺子推出新古典中国混搭表现主义与波普艺术格调的年货包装，试图去定义良品铺子的未来格调。良品铺子通过颠覆感官的方式，让消费者的升级找到了自己阶级的归属感。

图4-27　良品铺子高端零食插画包装

（3）漫画卡通风格。卡通原本是动画电影中拟人化、漫画化的动物及人物形象，因其活泼可爱的外形而广泛用于商业设计中，成为专门的卡通图形。夸张、变形是漫画卡通的精髓，在进行创作时，要依据具体的形态、性格及其特征为出发点，可以手绘，也可以利用现代化的工具来进行创作。漫画卡通也有不同的风格，既可以创作有悖于常态、常理的内容，也可以构建现实生活中不存在的形象、情景和情节。

在文创产品设计中，将一个无生命体的某一部分换上一个有生命的物形，形成异常组合的置换图形时，会造成出人意料的效果，并使置换图形从常规观念中蜕变出来。通过不同物形内在联系的显现，将外形之间的含义的一致性与外部形状的荒诞奇特相结合，构成了奇特的效果。这种超常、新颖的构成方式，可以显现出更为深刻的寓意，并对观者的视觉和内心产生强烈的冲击。如图4-28所示，是一款卡通风格IP的文创产品。

图4-28　卡通风格IP——熊猫大师

（4）原创风格。原创是指设计师根据主题的要求，自己或请艺术家绘制的图形。不管是中国的写意画、书法，还是剪纸、素描等其他绘画手段，虽然寥寥数笔，笔风粗放甚至还带有一些稚拙，却能把设计的主题和需要传播的思想感情充分地表达出来。同时，它具有一种摄影、电脑绘制等不能达到的艺术境界和独特的视觉魅力。如图4-29所示，为清水岩文创出品的水墨原创风格的文创产品。

图4-29　清水岩文创作品

装饰性原创是指图形符合形式美的原则和装饰艺术的要求。装饰性图形对形象的表达，不是采取单纯摹写的办法，而是运用变形、归纳、装饰的手法进行加工，使之既能表达图形的主题，又能给受众以美的感受。设计装饰性图形时，注意在外形与色彩处理方面要洗练，以增强视觉的冲击力。

第五节　平面作品打样与产品模型制作

一、平面作品打样

打样是使产品质量获得预定工艺设计效果的必要途径，也是检验制作是否符合实际效果的工艺措施。特别是一些精细的产品更要通过打样才能获得较好的质量效果，若不经过打样就盲目成批投资生产，极易产生质量问题，甚至可能造成重大经济损失。所以，严格执行工艺规程，认真进行打样预生产，通过打样修正工艺上的缺陷，对确保成批产品的质量具有十分重要的意义。

平面作品是根据作品存在的形态表现为平面的而得名。它包括图书、报刊、绘画、乐谱、照片、电影电视片、工程设计图、产品设计图、地图、示意图等。平面作品与立体作品并无绝对界限，有些平面作品也具有立体作品的性质，如厚度较大的图书，也表现为立体形态，有些雕刻，也表现为立体形态。在文创产品设计中较常见的平面作品有土特产包装、书签、明信片、手绘地图等。

1. 打样流程

在平面作品打样之前，应与专业人员充分沟通，确定印刷数量、纸张类型、纸张克数、印后工艺、周期等。作品打样应遵循如下流程：小样——打样——末稿——样本。

① 小样。在平面作品展开图尺寸较大的情况下，小样是平面设计师用来具体表现布局方式的大致效果图，省略了细节，表现出最基本的东西。直线或水波纹表示正文的位置，方框表示图形的位置，通过小样预估效果从而调整版式等。

② 大样。在大样中，平面设计师画出实际大小的作品，提出候选标题和副标题的最终字样，安排插图和照片，用横线表示正文。设计师可通过大样进一步预估成品效果，与客户和印刷专业人员进行沟通调整，征得他们的认可。

③ 末稿。末稿一般都很详尽，末稿几乎和成品一样。有彩色照片、确定好的字体风格、大小和配合用的小图像。末稿的这一阶段，平面设计师设计的所有图像元素都应最后落实，检查细节，可作局部微调。

④ 样本。样本基本上反映了作品的成品效果，平面设计师借助彩色记号笔和电脑清样，用手把样本放在硬纸上，然后按尺寸进行剪裁和折叠。

2.打样质量要求

打样的目的在于使成批的产品能够较真实地再现原稿。那么，打样质量将直接影响成批产品质量的稳定。打样是产品忠实再现原稿必不可少的工艺技术措施，通过打样才能制定出更具科学合理的生产工艺措施，为确保成批产品质量的稳定打下良好的基础。所以，认真把好打样工艺技术和操作技术关，不仅可较好地防止生产过程出现的质量故障问题，而且可有效地提高产品。

对打样的质量要求有以下两点。

① 打样的样张或样品应该是在该批印刷品所确定的印刷条件生产的，否则，打样的质量再高，也是没有意义的，因为实际印刷生产无法达到。

② 在确定生产条件可以生产的前提下，样品应该是高品质的。因为样品将作为印刷生产时的依据，如果样品本身质量低劣，以此为标准，必然导致印刷品质量低劣。

二、产品模型制作

模型是所研究的系统、过程、事物或概念的一种表达形式，这里指根据实验、图样比例而制作的产品样品。由于模具开模的费用一般较高，需要投入较大成本，具有比较大的风险性，所以在多数情况下首先会选择模型制作，通过评估后再进行模具开模。相对模具来说，模型制作具有成本低、加工快等特点，同样可以对产品的造型进行反复推敲和检验，应用较为广泛。

1.模型制作的作用

设计是一个创造性的思维过程，是一个并不能完全呈现客观的一个过程。虽然随着技术的进步，我们可以通过计算机效果图很好地展现三维效果，但并不能让我们真实地感知到。模型是设计师表达自己设计想法的手段之一，设计师也可以通过模型去推敲产品的细节、完善方案以及评价产品的综合效果等。在方案评估环节，模型展示通常比较直观有效的形式，是开发新产品不可或缺的环节。总体来说，模型在产品设计中的主要作用有三点。

① 设计实验探索、完善设计方案。通过模型对产品的形状、结构、尺寸等多维度进行综合评价分析，发现设计中所存在的不足，从而完善产品。

② 方案展示、交流探讨。通过模型能够较好地感知真实产品，在与非专业设计的委托方沟通起来将更为便利。通过模型模拟展示设计内容，是一种比较好的设计表现与沟通方法。

③ 降低验证成果的成本。在产品的研发过程中，模具的开发成本高昂，如果前期不能够反复推敲，一旦产品出现问题，将耗费较大的成本。利用模型能够以低成本去评估验证设计，并能够不断完善产品。

2.常见模型的分类

① 按功能分类。根据产品在设计中发挥的作用，可将产品的模型分为草模、展示模型、手板样机三种类型。

a.草模。草模初步简易的模型，也称为粗模，这种模型是设计师在初期阶段的设想构思，是一种非正式的模型。草模和概念草图一样，是设计师对造型感觉的整体感知和最初思考方向，它是设计师表达概念想法的最简单的探索方式，是设计师的自我对白。通过草模可以对设计进行推敲和修改完善，为进一步进行细节探讨和设计等奠定基础。草模在选择材料时应以易于加工成型为原则，一般以纸、石膏、滴胶、黏土等为首选。

b.展示模型。展示模型是展示设计效果的模型，也叫表现性模型，一般需要表达出产品的真实形态，展现设计师的设计意图（图4-30）。这类模型通常采取模拟真实材料的质感和效果来完成，但制作材料一般和实际材料有所不同，塑料材质较为多见。由于真实产品的制作成本往往较高，此类模型仿真效果较好，因而其常被用作设计展示交流和设计效果验证评估。

图4-30 展示模型

c.手板样机。手板样机是一种综合的实验模型，是工业设计领域应用比较普遍的检验设计成果的方法。手板样机是产品量产之前，通过手工和加工设备辅助结合完成的模型，一般来说，手板样机完全符合产品的生产技术和工艺要求。通过手板样机能够检验产品的外观和结构的合理性，以展览等方式得到市场用户的反馈，可以降低直接开模的风险性。

② 按材料分类。在模型制作过程中根据设计产品所需表现的特性选择模型制作材料尤为重要。常见制作的模型类型有纸模型、石膏模型、泥模型、木材模型、综合材料模

型等。

a.纸模型。纸质材料具有比较强的可塑性，可用折、叠、刻等多种方式进行加工（图4-31）。同时，纸质材料的种类也比较多，如瓦楞纸、铜版纸、白卡纸等不同厚度和肌理的纸张。产用于包装、灯具等产品的模型制作。

图4-31　纸模型（湖北工业大学毕业设计）

b.石膏模型。石膏材料成本低，质地较为细腻，且具有一定的强度，有良好的成型性能。石膏的另一个特点是可以进行细节雕刻，并能够长期存留。石膏模型的常见成型方法有雕刻、旋转和翻制等成型方法，具体成型方式应根据所需做的模型形态而定。

c.泥模型。泥材料根据其组成分为水性黏土和油性黏土，采用水性黏土材料制作的模型称为黏土模型，而采用油性黏土材料制作的模型称为油泥模型。泥料具有可塑性、富有弹性、表面柔韧等特点，可以把手看成是塑造的工具对泥土形状进行改变，也可以通过堆积、粘接等方式塑造形体。

d.木材模型。木材质量轻、色泽和纹路自然，易于加工成型和涂饰。对木材通过刨切等各种方式，可以得到木材本省的质感和美感，较珍贵的木材可用于做首饰等产品。

e.综合材料模型。综合材料模型指根据产品的造型以及材质的特性选择合适的材料，将多种材质的塑形特点进行结合，避免使用材料的局限性。

3. 3D打印技术

3D打印技术的横空出世为人们的生活及工作带来较多的便利条件，同时也增强了设计师对产品的创造的实现能力，给人们生活带来了较大的影响。3D打印技术是一种快速成型的技术，其特点是不需要机械的额外加工或模具，就可以直接生成较复杂的形体，可以缩短产品的制造周期，从而降低生产成本。

3D打印常用材料：尼龙玻纤、耐用性尼龙材料、石膏材料、铝材料、钛合金、不锈钢、镀银、镀金、橡胶类材料等。

应用领域：3D打印技术在珠宝、鞋类、工业设计、建筑、工程和施工、汽车、航空航天、牙科和医疗产业、教育、地理信息系统、土木工程等领域都有所应用，该技术的优势在于可以做出传统工艺难以实现的一些设计，如“未来3.0”3D打印跑鞋（图4-32）、“JS 3D”针织鞋（图4-33）。

3D打印技术的核心在于，它可以解决高难度、复杂、个性化的设计需要，只有当传统生产方式生产不出来的时候它的魅力才能显示出来，使得设计师可以将所有的精力放

图4-32 “未来3.0”3D打印跑鞋

图4-33 “JS 3D”针织鞋

在设计上，而不需要花很多精力和时间去迁就制作方式，所以3D打印是对传统生产方式的一种补充和升级。在个性化的产品和制造上，3D打印和3D设计可以很好地结合在一起，因为3D打印技术以其独特的外形塑造能力，具有文创领域应用的先天优势。如2018年的深圳文博会，3D打印文创产品成为该次博览会的最大亮点之一。目前，我国3D打印技术在博物馆的应用值得一提的有三个方面：第一个是对残缺文物的修复；第二个是文物的复制和仿制；第三个是文物衍生品的开发。

Cultural and Creative Product Design

05 Chapter

第五章

文创产品经典案例赏析与评价

第一节　博物馆文创商品

近年来，我国密集出台了多项文化产业相关政策，明确了博物馆文化产业在中国文化产业中的重要位置及发展方向，有力推动了博物馆文创商品的发展。我国博物馆文创产业发展起步较晚，尚处于探索阶段，但从世界博物馆发展趋势和我国文化产业发展形势看，我国博物馆文创产业存在着巨大的发展潜力和空间，发展势头良好。

目前我国博物馆文创产品开发较好的有北京故宫博物院、台北故宫博物院、上海博物馆、首都博物馆、湖南省博物馆、南京博物院、浙江省博物馆、苏州博物馆等大型博物馆。北京故宫博物院因其体量大、内容资源丰富，近几年不断研发新产品，给其他博物馆带来了很好的示范作用。湖南省文化厅2016年启动文化创意大赛，投入100万元奖金，获得了不少高质量的创意作品，取得了良好的社会效益和经济效益。苏州博物馆2018年一年研发推出文创产品111款，自主研发新品62款，文创产品销售额超过了2073万元，连续四年都有40% ～ 50%的增幅。浙江省博物馆通过联合省内多家博物馆，成立了博物馆文创联盟。地市级博物馆由于资金、人才都相对匮乏，发展相对滞后。

一、北京故宫博物院文创商品

北京故宫博物院建立于1925年10月10日，位于北京故宫紫禁城内，是在明朝、清朝两代皇宫及其收藏的基础上建立起来的中国综合性博物馆，也是中国最大的古代文化艺术博物馆，作为国内体量最大的文化IP，其文创发展历程也备受关注。北京故宫的文创产品共有万多种，2019年年初，时任北京故宫博物院院长单霁翔晒出2017年文创“账本”，2017年北京故宫文创产品的销售收入已达到15亿元，超过了15家我国内地A股上市公司的收入。

从北京故宫文创发展的历程来看，其发展一共经历了三个阶段：第一个阶段，自发文物研发的阶段；第二个阶段，自觉的文创文物研发阶段；第三个阶段就是主题文创阶段。

2010年以前属于第一阶段，由于开发经验不足，第一个阶段的文创产品开发过程中，为了避免开发的盲目性，主要对文物进行简单的复制，以小产品为主，当然也开始探索性地进行再创造。2010—2017年属于第二个阶段，进入文化创意的自觉阶段。在第二阶段国家下发了关于博物馆文化产品创意的文件，各个博物馆都在做文创，为了避免形成同质化，北京故宫在这个阶段做了很多尝试和探索。现阶段故宫文创开发已经进入到了第三个阶段，从2018年到2019年，北京故宫文创开始由规模、数量向质量、效益进行转变，通过研究博物馆本身的文化历史和文物，同时研究数千年以来中国人的生活习惯、生活方式，进行文创产品的主题研发和智慧研发。如图5-1 ～图5-4所示，即为北京故宫博物院开发的文创产品。

图5-1　故宫淘宝纸胶带

图5-2　“如朕亲临”行李牌

图5-3　“海错图”U形枕

图5-4　洛可可故宫文创商品店

二、台北故宫博物院文创商品

台北故宫博物院是中国三大博物馆之一，是研究古代中国艺术史和汉学重镇。与北京故宫博物院一样，台北故宫博物院的文创产品开发之路，同样也走过了三个阶段，前后经历50余年。

第一阶段为20世纪60年代到21世纪初，此阶段主要是通过对文物进行简单复制，强调仿真性，平面的、立体的均有。

第二阶段台北故宫不再求其仿真，而是追求创意。2000年左右，台北故宫一方面向世西界知名的设计公司阿莱西取经，另一方面还通过吸引民间资源来参与，采用“海选”方式面向全球所有厂商做创意征件。同时还进行与有实力的品牌进行合作，并积极参与大陆和国际市场的文创展会，努力搭建市场桥梁，谋划全球布局。通过这一次改革，台北故宫文创产品，开始有了质的飞跃，其营业额也实现了第一次翻倍。

第三个阶段则是台北故宫自己做高端开发。比如台北故宫自行创作的高仿瓷器和画作，自己发行的出版品，这类商品定价较高，市场份额也不大，通过分层次开发的方式满足小众市场，用以证明博物馆的供应能力。如图5-5 ～图5-8所示，为台北故宫博物院文创产品。

图5-5 “小乾隆”盖杯

图5-6 “春夜宴桃李园”花器

图5-7 “坠马髻”颈枕

图5-8　富春山居图文创

三、国外博物馆文创商品

国外博物馆在文创产品创意、开发、设计、生产、销售、售后等方面都有着成熟的经验和完整的产业链，产品能够满足不同消费需求，已达到产业化高度。在国外，文创产品收入占很大比重，其注重鼓励全企业、政府等多方参与协同，有着先进的经营理念和优秀人才，共同推动博物馆文创产业的蓬勃、有序发展。国外在各大博物馆内、城市飞机场、大型购物商场都设有成熟的博物馆商店，并设有相应的网络购物平台。英国和美国还构建了由几个不同博物馆商店联合组成的购物平台。另外，文创产品收入在GDP（注：国内生产总值）中所占的比重、对税收的贡献率、吸收人口就业率等方面都超过了原有传统产业。博物馆发展文创产业已成为一个地区甚至一个国家吸引文化关注及经济增长的新地标，拉动经济增长的同时，提升了博物馆以及整个国家的文化软实力。

在英国，政府是博物馆经费的主要出资者，但并不与博物馆存在上下级行政隶属关系。政府不直接参与博物馆具体事务管理和资金使用，而是委托“博物馆委员会”以及下设的“博物馆协会”进行分配，博物馆自主控制其资金具体使用。博物馆内部专门成立负责文创产品研发和经营管理工作的机构，或委托专业公司进行管理。另外，政府通过财政和税收政策对文创产业进行监管和扶持，如对博物馆文创产品实行部分或全额免税政策。以大英博物馆为例，大英博物馆文化产品开发有两种模式：一种是由9名全球采办组成的部门负责设计或寻求设计并联系生产；另一种是直接从固定厂家进货。其中大部分商品是采取直接购入的方式，也有些产品是博物馆向世界著名设计师提供内容，由设计师设计，再由厂家生产，最后进入大英博物馆销售，同时开辟了网络商店进行全球销售。如图5-9～图5-16所示，即为大英博物馆文创产品。

图5-9 大英博物馆文创产品——“小黄鸭”

图5-10 “木乃伊棺材”造型文具盒

图5-11 “神秘祭司”玻璃杯

图5-12 罗塞塔石碑周边

图5-13 “法老与他的朋友们”胶带

图5-14 埃及主题周边

图5-15 古罗马元素系列

图5-16　神奈冲浪里周边

在美国，是通过完善的法律制度对文化产业市场进行约束，政府只担当提供信息和服务的角色。对博物馆的管理基本遵循市场法制，通过市场机制为博物馆提供便利政策，鼓励博物馆向社会募集资金，同时也鼓励社会向博物馆捐赠物资，另通过借展费收益、基金运作收益、授权及经营收益等，使其拥有广泛的资金来源渠道。美国还为博物馆发展文创产业提供有利的税收政策以及相关法律支持与保护。美国市场化的运作方式使得美国博物馆文创产业得到了繁荣和发展。以纽约大都会博物馆为例：大都会博物馆以藏品为基础、通过版权认证方式制作和研发了近两万种商品。每件商品都是经过博物馆艺术史专家、设计师和工艺师共同研发设计，保证了产品的质量。在研发过程中，设计师还会与博物馆各部门相关专业人员沟通，以确保商品与藏品诉求一致。在注重商品内涵和品质的同时，大都会博物馆还注重联合发展，与其中央公园的数十家博物馆形成了强大的博物馆文创产业聚集区共同发展，甚至跨出国门与巴黎、罗马等联合开发文创产品，远销国际市场。其中最具代表性并受国际市场瞩目的，莫过于大都会博物馆与众行业联合开发的珠宝首饰类文创产品。如图5-17～图5-20所示，即为大都会博物馆文创产品。

图5-17　蓝色河马

图5-18　水彩画套组

图5-19　陶器图案茶巾

在法国，政府与博物馆之间不存在行政隶属关系。中央政府通过各级地方政府对博物馆具体事务进行监管，主要通过契约、立法、税收等政策实现监管。地方政府通过博物馆协会等社会团体进行沟通，重在监督不在管理，博物馆拥有经营主动权。以卢浮宫博物馆为例，卢浮宫博物馆自身并不设计生产产品，其经营模式是通过出租场地给博物馆协会，博物馆按照商品种类不同按比例收取费用，如首饰类收取11%的销售提成，图书类收取8%，基本上平均收取10%的提成。产品的研发由博物馆协会负责，卢浮宫的相关专业人员提出意见并对产品进行把关，最终的设计方案由专家监管，确保产品的品质。在营销方面，卢浮宫主要靠其美轮美奂的珍贵藏品和极具艺术魅力的场馆建筑来吸引更多的观众，为销售文创产品带来了源源不断的客源。如图5-21～图5-24所示，即为卢浮宫博物馆文创产品。

图5-20　“莫扎特”音乐盒

图5-21　萨莫德拉克的胜利女神小雕塑

图5-22 “蒙娜丽莎”耳机

图5-23 金字塔3D魔方

图5-24 “拉美西斯”书挡

第二节 MUJI、IKEA与“上上”的生活美学

一、“上上”的中式生活美学

“上上”品牌是洛可可旗下的高端生活美学品牌，2009年，洛可可在世界设计师大会上展出了“上上”系列，包括上上签、水晶虎、音乐琴盘等13件作品，灵感都源于中国传统文化。中国工业设计如果想要走出去，必须以传统文化为根基，将东方文化与现代设计完美融合，打造属于当代中国人生活方式的产品，才是真正的中国设计。在中华传统文化复兴的背景下，文化消费日趋刚性，消费者希望带回蕴含东方美学的礼品，但市

场上真正能满足大众消费需求的产品少之又少，上上品牌的设计中，始终试图提炼出几千年文化的元素和根基，以唤起中国人对中国概念的需求。

“上上”有个“说而不做”的设计概念：用现代人的语言描述中国悠久的文化就是一种创新；反之，在没有文化积淀的情况下刻意去创造，经不起时间的推敲。洛可可在北京梅兰芳大剧院的“上上兰·茶艺坊”和“上上”品牌系列，其实都是在进行文化本体的采集。

上山虎香台，整个香台讲述的是老虎上山的过程，取意步步高升。香台上面的老虎，取自汉代虎符的造型，进行了现代的提炼，使它更具美感（图5-25）。我们称其为“以虎喻人，以石代山”。老虎就好比我们自己，斜坡就是我们的人生平台。当香枝点燃香灰会落到这个斜坡上，就好比老虎上山留下的足迹一样。

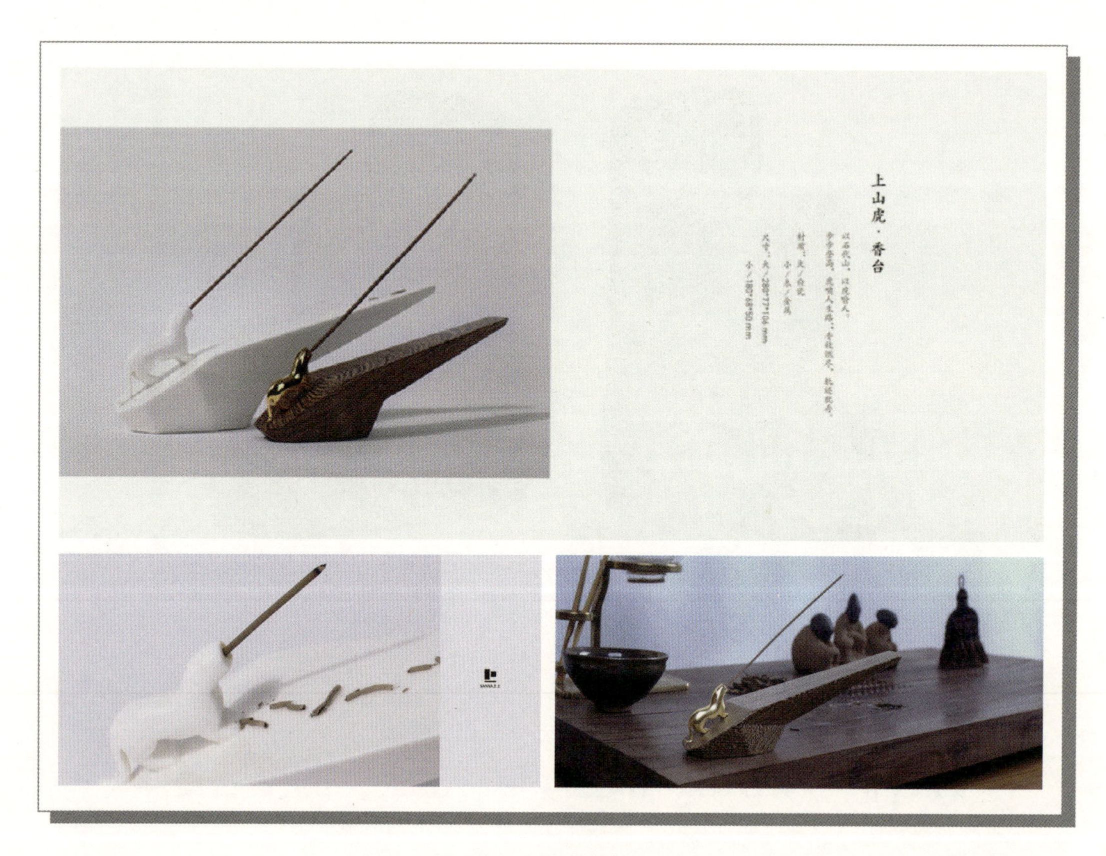

图5-25　上山虎

“上上签”牙签盒是2008年洛可可获得红点奖的作品。这是一款用于随身携带牙签的小盒子，取名“上上签”，饱含有中国传统文化的祈福含义（图5-26）。牙签盒颜色采用中国传统的黑色红色搭配，外观造型来源于中国标志性建筑天坛，底部红色镂空部分，是天坛祈年殿顶的一个小小缩影。通过外观设计，引导使用者可以随身携带牙签，改变生活中的习惯来参与环保。功能和形式的统一，使得产品洋溢着浓浓的中国古典风格，拉近了产品和使用者的距离。

图5-26　上上签

二、MUJI的日式生活美学

无印良品（MUJI）诞生于1980年的东京，是由当时日本设计师田中一光、小池一子、杉木贵志创造出来的一个日用杂货品牌。1980年世界经济进入低迷期，日本同样被拖入了经济不景气的状态，人们消费能力下降，因此迫切需要物美价廉的产品，因此无印良品应时代和人们的需要建立起来。无印在日语的意思是没有花纹的意思，良品指的是东西的品质优秀，总之就是平实好用的意思。无印良品如今已经拥有了良好的群众基础，它的设计理念不仅仅是表现在商品的表象，而是踏入了更加神秘的精神哲学境界，更是代表着一种独特的美学。无印良品的商品开发，时时关注当今世界的环保、资源、回收再利用等重要问题，与当时的过度包装风气形成强烈对比，对整个日本甚至整个世界产生了巨大的影响。

无印良品的设计被称为回归本质的另一种时尚，其理念既是“减”又是“简”，减少复杂的装饰，简化包装和造型。其产品甚至省略标志，使用经过基本加工的环保纸并且运用纸张本身颜色进行包装，以低调素雅的颜色展示其产品的特性。而且在造型上多是简单的点、线、面组成的几何图形，避免过分的凹凸设计，给人以安静平和的视觉体验。无印良品的设计师们在设计每一件商品的时候都会反复思考可以去掉什么，还有什么东西可以拿走。这种减法不是随意性、夸张性、破坏性的做法，而是精雕细琢的反复推敲，一切浮夸、不必要的装饰和处理全部减去，最后反映出商品的最本质信息，表现出商品的材料本身，给消费者和谐真诚的感觉。如图5-27所示，为无印良品店铺。

图5-27　无印良品店铺

1. 良品的材料选择

无印良品的产品更加贴合本源设计，是一种秉承自然的设计。材料更加注重环保主题，服饰方面多采用例如棉、麻等纯天然、可再生的材料；食品方面更是选择健康优质的食材；生活杂物方面则是尽量使用材料本身特性（例如木头和不锈钢的质感）保证材料可回收、可降解。产品的材质源于自然，也是侧面召唤人们回归自然、拥抱自然，紧扣环保这一主题。

2. 无印良品的造型设计

自从无印良品创立以来，始终是引领生活方式的一种设计，其产品简约的造型设计正是反映日本的禅宗思想以及极简主义美学风格。

3.Found MUJI品牌

Found MUJI是指在全世界的范围内，去寻找、去发掘那些也许并不优越，但却是恒久的、被广泛使用的日用品，并通过无印良品的视点，根据现在人们的生活、文化、习惯变化，进行改良后带到消费者的身边，向消费者介绍这些物品所包含的意义、智慧、精髓等的一项活动（图5-28）。

图5-28　Found MUJI文创产品

在展出那些寻找和收集到的、来自各地的、传统的生活用品的同时，无印良品还将这些物品背后所凝结的民族信息、故事等一同传达给每一位观展者，让人们享受一场有着独特文化和地域特色，并焕发新鲜感的视觉盛宴。

三、宜家（Ikea）的北欧生活美学

宜家（Ikea）是瑞典的家具制造商，1943年由英格瓦·坎普拉德在瑞典成立，是目前世界上最大的跨国家具零售商。宜家在成立开始，便提出了一种特殊的瑞典民主观念——“穷人应该享有与富人一样的机会”，宜家生产的家具集价格低廉和优秀设计于一身，倡导生活方式的设计形成了具有北欧特色的生活美学，并将这种斯堪的纳维亚设计所特有的观念传播到世界各地。

1.批量生产加模块化组合设计

宜家的产品全部采用批量化大规模的生产方式进行制作，这种生产方式作为现代工业设计的典型特征是为了更好地迎合时代需求。批量化生产的目的是更好地适应机械化的生产方式。尽管北欧设计一贯以传统手工艺最为出名，但随着社会的快速发展，北欧国家迅速实现机械化生产，目前北欧诸多国家在机械生产上已经取得很大的进步。不仅如此，为了更好地进行运输，同时也为了占据更小的空间，宜家几乎所有的产品都是通过模块化的方式组合而成的。这种以批量生产和模块化组合的方式，成为宜家商业发展过程中成功的一大因素。

2.优质廉价加人性化创意设计

优质廉价加人性化创意设计是宜家获得成功的另一大因素。与其他同类产品相比，宜家中销售的很多产品在价格上的定位都比较低，这也是吸引很多用户到宜家购买家具的主要原因。

当然，仅仅是价格低廉并不能让人们感到满足，宜家所销售的很多产品都具有很强的创意性，质量也比市场上同样价位的产品高很多，使得宜家在销售过程中能够取得遥遥领先的地位。

3.简约设计加多元化时尚设计

简约加多元化时尚设计也至关重要。

当然，宜家销售的这些简约产品并不等于造型上的简单和形状上的类似，相反宜家成功的最后一个因素恰恰是“简约而不简单”。为了更好地弥补这种简约式的造型给人们带去的那种厌烦感，宜家在同类产品的生产和销售过程中采取的是一种多元化、时尚化的路线。一方面，为了给用户提供更多的便利性，在进行产品的设计过程中，设计师会设计出很多不同的方案，宜家会同时将其生产并放在商城中进行销售，给用户增添了更多的选择空间，给购买增添更多的趣味性；另一方面，在商品的时尚化处理上，宜家也做得十分到位。由于用户对同一类产品的兴趣点不同，如有的用户喜欢复古类型的产品，有的用户则喜欢时尚化的产品。在产品的设计过程中，设计师大胆将传统设计和现代设计结合在一起，同时生产出多种不同形式的产品，让不同的顾客在购买时有更多的选择余地，从而更好地刺激顾客的购买欲望。这种以多元化为主的生产方式也成为目前宜家家居营业成功的主要因素之一。

总之，宜家家居作为一家全球性质的家居、家具零售商，其产品大多很好地将北欧设计风格的优点继承和传承下来，因此深受人们的喜爱。瑞典地处欧洲西北部，终年严

寒，气候极为恶劣。但正是在这样的恶劣环境下，当地人却更加注重设计的生产方式和对设计使用者的研究，因此他们设计出来的产品更加注重产品本身的质量和个性化，试图通过更多的角度创新产品。这些产品的价格比较合理但又有很多创新的内容在其中，同时还有很多时代性的元素，这些都是直接影响宜家家居如此风靡的主要原因。中国设计要想更好地发展，还是应该走出一条有中国特色的道路，才能更好地将中国设计推向一个更高峰。如图5-29所示为宜家PS2014系列。

图5-29　宜家PS2014系列

第三节　“大圣归来”与熊本的IP衍生

一、“大圣归来”动漫衍生的悲喜剧

中国本土3D动画电影《西游之大圣归来》(以下称《大圣归来》)累计票房接近10亿元，超越了《功夫熊猫2》所创下的6.17亿元中国内地动画电影票房纪录。此外，《大圣归来》在法国戛纳也创下中国动画电影海外最高销售纪录。然而，就是这样一部大热的动画电影，在后面的衍生品开发方面却一波三折。

上映首日，制片方与娱猫合作发布了第一批产品，包括常见的公仔、书包、抱枕、笔记本等。由于产品偏低龄化，做工也不够精致，遭到粉丝吐槽，有些粉丝甚至自己动手设计《大圣归来》的周边产品，晒出各种设计稿、效果图。已获得品牌授权的娱猫紧急调整策略，与两大互联网企业联手，成功挽回口碑。7月23日，《大圣归来》后产品众筹项目在“淘宝众筹”上线，包括玩偶、树脂公仔挂件、玩具U形枕、手绘T恤、伞、主题笔记本、家纺用品等，合作方也是清一色的知名品牌，如天堂、晨光、梦洁、大公豹、漫踪等。这批产品不论是设计、外观，还是质感都有了很大提升，消费目标人群更是明显圈定在20多岁的时尚青年。众筹期1个月、目标金额99.6万元的14项众筹项目仅1天就筹集到了1181.6万元，达成率为1186%。之后，娱猫又联合京东于8月5日上线了数个长期众筹项目，计划从衣食住行以及收藏方面满足受众需求。比较讽刺的是，从电影上映以来，山寨玩偶的日销售额已超过万元，并且每个卖家都打着正版授权的旗号。另外，尽管正版《大圣归来》衍生品在网上一天的销售额就突破了千万，创下了中国电影周边历史最高纪录，但是，这依然避免不了某宝网上山寨款日销过万的尴尬情况。盗版电影衍生品的猖獗，导致正版利益被蚕食，利润率大幅度下降。在中国不得不提的是无论是在艺术品产业还是在电影产业中，凡是关于原创的作品都面临着盗版的危险，而且从制造到销售甚至形成了完整的盗版产业链。比如近年来不少的生产商以正版为原型，在电影档期中快速生产盗版的衍生品，并且依靠网络和批发市场等渠道投放出货，只要质量过得去，相对降低销售单价，借着消费者对电影的喜爱和忠诚度，销售大量盗版衍生品，严重侵占大量正版产品的市场份额，压缩了盈利空间，导致正版经营者压力过大，制约中国电影衍生品市场的发展壮大。《大圣归来》的电影衍生产品开发给我们带来了希望，但同时也折射出了我国电影衍生品开发方面的诸多问题。如图5-30、图5-32所示为大圣归来文创系列产品。

图5-30 《大圣归来》玩偶

图5-31 《大圣归来》玩偶——小空空手表

图5-32 《大圣归来》移动电源/U盘

二、“熊本熊”与日本卖萌经济学

吉祥物源自法国普罗旺斯语，因为吉祥物具有鲜明的指代性和象征性的意义，所以

Chapter 05

符号性是其与生俱来的本质特性。“亚洲人气天王”可能并不是指某一个人，也有可能是一只卡通熊（图5-33）。许多国人在社交网络上见过这只名叫熊本的熊：表情呆萌，两颊有醒目的腮红、圆瞪的双目、小而可爱的圆耳，身形如桶且行动笨拙，它常常以各种趣图、表情包出现在网络上。它的官方中文名叫“酷MA萌”，英文名叫KUMAMON，因为来自熊本县，人们常常以熊本熊指代。那些熟知熊本熊的忠诚粉丝则叫它“部长”，它还是一名如假包换的公务员，是位于日本的熊本县的营业部长兼幸福部长，也是日本的第一位官方的吉祥物公务员。

图5-33 熊本熊

熊本县位于日本的西部、九州岛的中心位置，这个以农业为主导的小城市，经济相对比较落后。来自日本银行的数据显示，熊本熊在诞生后的短短两年多时间就给当地带来了超过1200亿日元（约68亿元人民币）的经济效益。《朝日新闻》2015年的一则报道称，2014年熊本熊衍生品的销售额高达643亿日元（约35亿元人民币），是上一年的1.4倍。

熊本熊代表着的是当下最有人类特点的一个IP形象，立体鲜活，在粉丝眼中，它的动作、表情本身就传递出了丰富的信息量，更能激发人们与它互动的兴趣，并且它像人一样，有许多无法预料的举动，刷新人们对它的兴趣。与一般商业机构打造的卡通角色不同，熊本熊是一名政府公务员，它的使命可谓更具有某种高尚意味——振兴地方经济。显然，从经济收入的角度来考量，熊本熊是名立下了大功的公务员。而作为这个IP的打造和运营方，熊本县自身也是成功的经纪人——动员各种资源，运用各种营销手段，将一手打造的熊本熊推到日本第一人气吉祥物的高位。

在熊本熊的推广过程中，政府充当了重要的角色。熊本县还主导了一些知名的“品牌营销事件”。比如，熊本熊某次在去执行公务中失踪，按推广计划，熊本熊官网发出紧急寻人记者会的短片，希望目击者通过推特提供线索，最终熊本熊被找回，也赢得了大量的关注度，成为热点话题。还有一次更为知名的，当属“找腮红”事件了，同样也是政府为推手策划的一次话题事件。熊本熊遗失了两颊的腮红，策划方也再次紧急召开发布会宣布调查此事，号召群众帮忙寻找腮红，熊本熊不仅跑到东京警视厅报案，还上了电视台。此事赢得了日本岛内大量的关注，红色对于熊本县有特殊的意义，它代表了当地的火山地理地貌，代表着美味的红色食物。这次营销事件，更是让外界对熊本熊以及熊本县的关注度飙高。据日本媒体报道，该营销事件在当时达成了6亿日元（约合3360万人民币）的广告由此可见，一个成功的IP背后，是无数的细节，需要经过持续不断的包装、注入内容与内涵、保持与外界热点的同步性等。卖萌经济也叫注意力经济，想要不断吸引和抢夺消费者的注意力，培养潜在的消费群体。

第四节　文创产品设计的评价

众所周知，设计是一种有计划的、符合人类功利的行为，文创产品设计和实施应该以用户情感体验为核心；应该有利于与主题相关的文化理念的传播；应该能有效实现产品的基本功能，能通过产品层面的可用性测试。当然，优秀的文创产品，在实现企业营销目标的同时，也应该在各类专业大赛和评审中得到各种正确的评价。

一、文创产品评价的一般程序

① 明确评价的侧重点，评价要素的权重比例。
② 确定评价的标准和可量化评价细则。
③ 组建合理的评价机构和组织。
④ 讨论并公布具体的评价方法。
⑤ 公正地展开评价评审活动。
⑥ 客观、严谨地采集评价数据，并依据前期权重量化得出结论。
⑦ 评价结论的输出和公布。

二、文创产品应尊重用户情感体验

文创产品有别于一般工业产品，应充分尊重用户情感体验。文创产品是特别强调情感体验的设计。

情感设计是设计师通过对人们心理活动，特别是情绪、情感产生的一般规律和原理的研究和分析，在艺术设计作品中有目的、有意识地激发人们的某种情感，使设计作品能更好地实现其目的性的设计，如在家居设计中体现温馨，体现对大自然深深的挚爱，也让观者产生回归自然的愉悦和亲切。

理解情感设计，应从两个方面人手：第一，是作品的艺术价值，集中体现为它们能激发人们的某种情感体验，在美学中被统称为“审美体验”；第二，功能性，是设计艺术的本质属性，设计艺术的情感体验更在于使用物品的复杂情境下，人与物互动中产生的综合性的情感体验，它具有动态、随机、情境性的特点。

情感设计的核心相应也在于两个方面的情感激发：一方面利用设计的形式以及符号语言激发观看者适当的情感，例如效率感、新奇感、幽默感、亲切感等，促使他们在存在需求的情况下产生购买行为，或者激发他们潜在需求，产生购买意念；另一方面，使处于具体使用情境下的用户产生适当的情绪和情感，具体包括：提高设计可用性、使用的趣味性，并且在某些设计作品的使用过程中提供一定思考的余地，使用户具有想象的空间和能动发挥的余地，体会到自我实现和征服的乐趣等。

三、文创产品应有助于文化理念的正向传播

文创产品设计的核心是文化，应有助于文化理念的正向传播。

① 对于文化主题的选取；

② 对于相关文化主题的认知深度；

③ 对于相关文化主题的独特视角；

④ 符号提取，形态转换，语义传播是否流畅。

四、文创产品的可用性测试

根据硬件设计（产品、环境）和软件设计（功能型数字界面以及娱乐型数字界面）的不同特点，可用性设计关键还在通过心理学、行为学等学科知识，分析和理解用户关于使用及与使用相关各要素的需求，使之巧妙地反映于设计作品中。我们将可用性设计中最具普遍性的设计准则加以梳理和归纳如下。

① 人体尺度，设计中常直接应用人体尺度决定产品的尺度。而不同心理感受会导致对于尺度需求的不同。

② 人的极限，人的身体活动的极限以及人的心理情感的极限。

③ 易视性和及时反馈：易视性，是指所有的控制件和说明的指示必须显而易见；反馈，即使用者的每个动作应该得到明确的、及时的回应。

④ 易学性，产品、界面应能使人快速而有效地学会使用方法。

⑤ 简化性、灵活性、兼容性与可调节设计。

五、权威文创产品设计大赛的评价标准（参照具体文创设计大赛官网要求）

Cultural and Creative Product Design

06 Chapter

第六章

文创产品设计案例

第一节　第十届（武汉）国际园林博览会特许商品设计

第十届中国（武汉）国际园林博览会是由住房和城乡建设部（以下简称“住建部”）和湖北省政府共同举办的园林花卉界最高层次的国际盛会，于2015年9月底至2016年4月底在武汉举办。

一、武汉旅游纪念品市场前期调研与总结

为了更好地服务第十届中国（武汉）国际园林博览会（以下简称“园博会”）特许商品与旅游纪念品的开发，从2013年11月至2014年7月，湖北工业大学联合武汉天时地利市场研究咨询有限公司、武汉市统计信息咨询中心，对武汉旅游纪念品市场进行了调查研究。通过前后三次调查，对武汉旅游纪念品市场多层次、多角度、多方位地进行了了解，弄清了武汉纪念品市场方面的许多重要问题。

1.调查形式和方式

这次调查与研究采取了抽样调查、走访和座谈、问卷调查等多种形式和方式进行。

（1）抽样调查。抽样调查主要有三个方面：

① 对外地来武汉旅游的1800位国内外旅游者进行抽样调查；

② 对武汉旅游商品的设计、生产、销售及研究人员进行了抽样调查；

③ 设计了多套网络问卷对武汉旅游纪念品市场进行了自由调查。

（2）走访和座谈

① 走访相关人员和相关单位；

② 召开了设计、生产和销售人员参加的座谈会；

③ 对湖北省内部分景点进行了具体的旅游纪念品市场考察。

（3）问卷调查。我们组织的三次问卷调查，合计发出问卷3659份，其中参与网络问卷2153份（符合要求的2061份），执行纸质问卷1506份（有效问卷1278份），网络和纸质有效问卷一共3339份。调查对象以18—34岁的年轻人居多，其总体特征是目前收入不高，但在旅游方面具有较明确的意愿，和强烈的消费向往，是旅游市场未来发展的主力。

2.重要结论与分析

通过这次调查，对武汉旅游纪念品市场多层次、多角度、多方位地进行了了解，弄清了武汉旅游购物方面的许多重要问题。

（1）武汉旅游纪念品市场在全国所处的位置。抽样调查和访谈等一系列调研结果表明，国内外旅游者比较偏好在北京、上海购物，而武汉在游客购物喜好方面排名第五。

在对1800名国内外旅游者的抽样调查中，分别给出北京、上海、武汉、南京、西安、成都、昆明、杭州八个城市，让旅游者打分。问卷给出一些肯定性描述句，询问是否适

合以上八大城市。其内容有：我喜欢在哪里的景点/景区购物；哪里的纪念品品种丰富多样；哪里的旅游纪念品很有当地特色；哪里的旅游纪念品做工精细；哪里的旅游纪念品总能激起我购买的欲望；哪里的纪念品有新鲜感；哪里的旅游纪念品价格低廉。结果，武汉以平均提及率11.7%而名列第五。国内游客对武汉购物肯定性描述句的选择，多项均处于中上等水平。

（2）综合调查结果分析

① 参与调查的外地游客占70.4%，本地游客占28%，海外游客占1.6%，样本以外地游客为主，符合调查的要求。参与问卷调查的男性游客占52%，女性游客占48%，性别分布基本均匀。参与调查的游客中，18岁以下的3.4%，18—25岁的占81.2%，26—34岁的占9.5%，36—50岁的占4.7%，51—60岁的占0.6%，60岁以上的占0.6%，样本以18—35岁活跃的年轻人为主，覆盖了90%以上的范围，对于武汉旅游品年轻市场的开发有较大的参考价值。参与调查的游客，暂时没有收入的占63%，以消费力较强但收入不太高的年轻人为主。参与调查的游客具备高等教育背景（专科以上）的占90%，对于旅游及其相关产品有较高的需求与认知水平。

② 关于旅游目的调查（多选1～2项）中，观光的占50%，度假的占26.8%，教育体验的占18%，文化体验的占15%，购物的占10%，探亲的占7%，其他的占11.8%。观光度假的占76.8%，凸显出武汉独特自然景观与人文景观对外地游客的吸引力；文化与教育体验占33%，这也与武汉作为全国著名的高校聚集地，同时文化典故与文化传统积淀深厚有关。

③ 关于武汉旅游景点的调查（多选1～3项）中，黄鹤楼高居榜首，占49.5%，可见黄鹤楼形象深入人心并且传播力非常强；其次是武汉大学、欢乐谷和东湖风景区；户部巷、长江大桥、楚河汉街、博物馆及美术馆、昙华林紧随其后，武汉最新最热景点被勾勒出来，超越过去的老三样（东湖、黄鹤楼与归元寺）。

④ 旅游过程中您最喜欢做的事情（多选1～2项）中，拍照留念与吃美食最高，分别占66.9%和63.78%，勾勒出武汉旅游的基本形态，可以考虑开发相关产品和项目；其次是微信分享，展现出新技术对旅游行为的影响，可以考虑旅游信息传播渠道的多元化；再者是购物需求，可以考虑汉口礼物、武汉礼物等连锁品牌购物形态的开发与介入。

⑤ 游客购买旅游纪念品的习惯（单选）中，“偶尔”占70.04%，“经常”占14.79%，“每次都会”占7.14%，“从不”占8.03%可见，大家对旅游纪念品的需求程度还是非常高的，但其消费是一个慢购的过程，有一定的随意性，值得关注。

⑥ 接受武汉旅游品的价格区间（多选1～2项）中，51～100元区间的占54%，10～50元区间的占38.5%，101～500元的占26%，可以预见中低价位的普及性旅游产品的未来发展空间。

⑦ 旅游品购买首要考虑问题（多选1～2项）中，纪念意义占首位，价格和质量分列第二和第三位，创新及趣味性紧随其后，可见旅游品开发对纪念意义的表达必须予以高度重视，价格质量平衡，创新和趣味也应关注。

⑧ 旅游品购买地点选择（多选未限制数量）中，旅游连锁店高居榜首，可见游客对旅游品牌的认同，专业市场购买位居第二，可见游客对专业化运作的认同，网络购买位居其三，显现出现代化渠道的魅力，这也是未来旅游服务的发展方向之一，住宿地购买

排在末次，游客旅游品消费呈现出理性的一面。

⑨ 旅游纪念品购买目的（多选未限制数量），选择最多的三项为“旅游纪念”“亲朋馈赠”和“自己喜欢”，这是旅游纪念品开发与设计的功能基础。

⑩ 自用旅游品最关注的因素（多选1～2项），选择“设计精巧”的有46.88%，占首位，“工艺精良”“价格合理”“包装精美”分列第二、三、四位。所以旅游纪念品开发需要设计，需要创新。千篇一律，粗制滥造已无法满足消费者日益增长的需求。私人馈赠旅游品购买因素（多选1～2项）中，排在前三位的是“设计精巧”“工艺精良”“包装精美”，与自用旅游品相比，价格因素退到末尾，可见送礼产品的价格敏感程度降低，有较大的利润空间。商务旅游品购买因素（多选1～2项）中，排在前三位的是“设计精巧”“工艺精良”“包装精美”，价格因素居其末，此类产品的利润空间也较大。

⑪ 旅游纪念品风格选择（多选1～2项）中，排在前三位的是“具有强烈武汉特色的”“古典韵味强烈的”“创意新颖的”，可见游客对旅游产品的地域文化与传统文化的强烈需求，对创新创意的强烈需求。

⑫ 最能代表武汉的形象（多选1～2项）中，排在首位的是黄鹤楼，占67.5%，再次印证黄鹤楼在武汉旅游中的强势地位，其次是热干面与武汉方言，旅游纪念品设计的重要题材与突破点显现出来。

⑬ 旅游产品开发中视觉设计的重要性（单选）中，57.24%游客选择“非常重要”；可见视觉设计在现代旅游业与旅游产品生产、销售中，起着举足轻重的作用。

⑭ 武汉旅游纪念面临的最大问题（多选1～2项）中，47.6%的受访者认为“定价虚高与价值不符”；37.5%的受访者认为“题材老套，设计雷同”；20.7%的受访者认为“品种单一，选择余地少”；还有15.09%的受访者认为“无当地特色”与“质量低劣”。这些数据也一定程度上勾勒了旅游纪念品市场的现状，在游客需求旺盛的背景下，这一市场未来将有巨大的发展潜力。

3.武汉旅游纪念品市场的主要问题如下。

（1）开发设计、生产、销售有点脱节。

这个问题是比较突出的和各方面反映比较强烈的。在对设计、生产、销售及研究管理人员提出“武汉旅游纪念品市场近年徘徊不前的原因”的问题时，有68%的受访者认为“各方面配合不够，没有把几个方面连接贯通起来”是主要原因，远远高于“设计太陈旧，没有新意”（39%）；有26%的受访者认为“生产工艺水平太低，不能生产出高水平高质量的产品”；有19%的受访者认为“销售渠道不畅，没有专门销售正牌商品的销售点”；有19%的受访者认为“景点不配合，难以在景点买到价格合理的旅游商品”。

（2）品种单一，缺乏特色，内涵不足，纪念性、实用性不够。

对专家回答的“你认为国内旅游者会喜欢什么样的旅游纪念品”的调查表明：42%的专家认为旅游者会喜欢体现武汉传统工艺特色和有中国特色，尤其是有武汉特色的纪念品。有39%的专家认为旅游者会喜欢武汉景点特色的纪念品；有26%的专家认为旅游者会喜欢有现代气息。体现当代审美情趣的纪念品。对国内游客的调查表明，有75%的游客希望在景点买到有景点特色的旅游纪念品。而武汉的旅游商品和旅游景点则不能充分满足旅游者这种非常明显的需要，因此，在想买而没有买到旅游商品的旅游者中，有

26%的游客因为没碰到想买的商品而放弃购买，有37%左右的游客会因为旅游纪念品的选择款式太少，没有保留价值和纪念意义，不新颖、不时尚而放弃购买武汉的旅游纪念品。

（3）购物花费在整个旅游花费中的比例不高。

武汉作为一个旅游大都市，旅游购物花费的比例却一直上不去。20世纪90年代，最高时达到19%，最低时至11.3%；2000～2010最高仍不过19%，最低时仅为9.3%；2013年仍未突破19%的大关。武汉的这个比例低于全国的平均水平（全国的比例一般为19%～25%）。

（4）对传统工艺缺乏应有的保护。

在专家访谈中，很多学者一致呼吁政府应该把旅游纪念品生产企业放在文化产业之中，用文化产业的办法进行管理和运作，在税收、信贷、技术等方面给予扶持和优惠。如果武汉的传统工艺美术人亡艺绝，那么，武汉旅游商品的“武汉特色、地域特色”将是一句空话。

4.宏观的政策、措施和建议

主管部门到底应该怎么做、做什么，才能促进武汉旅游纪念品市场更上一个台阶?我们认为政府应该系统地、整体地采取一整套政策措施和办法。

（1）建立良好的旅游纪念品工作的管理和协调体制。

要建立适应武汉旅游纪念品新形势要求的管理体制。理顺旅游纪念品市场涉及的开发设计、生产、销售这三大环节，建立武汉市旅游纪念品协调领导小组，遇到旅游纪念品的重大问题由领导小组研究决定，使这几个链条真正转动起来。形成机构健全、齐抓共管、分工明确、协调有力的协调管理机制。

与此同时，建立社会团体性质的武汉市旅游纪念品协会。在政府部门不便出面的情况下，充分发挥社会团体和市场机制的作用。与上述领导小组及其办公室共同努力地抓好旅游纪念品工作。

（2）完善机制，市场运作，推动旅游纪念品设计、生产和销售的良性循环。

在市场经济条件下，政府在旅游纪念品问题上，要管大事、管政策、管推动，政府不可能事无巨细地参与设计、生产和销售每个环节和每项事务，具体运行还是要靠市场，由企业行为去具体运作，推动这项事业的发展。

① 鼓励建立旅游纪念品中介服务机构。目前，武汉市旅游纪念品方面的设计机构、生产机构和销售机构已有不少，但是，把这三者串在一起的中介服务机构极为少见。鼓励建立那种提供设计、生产、销售等多方面的信息和服务的公司将有利于把各种优势资源按照市场经济的规律进行配置，有利于将武汉在旅游纪念品设计、生产、销售方面的高、精、尖人才（软件）资源和资金、工艺、机器设备、销售场所等优势资源（硬件）集中在一起，拾遗补缺，取长补短。克服现有的多个环节互相脱节，各种人才互不交流，各种信息互不相通的严重缺陷。

② 建立旅游纪念品研发中心、设立研发基金，鼓励创造新设计。建立旅游纪念品研发中心、设立研发基金，制定“武汉旅游商品开发基金章程”，成立基金会，鼓励那些在旅游纪念品设计和开发中有较大贡献的单位和个人，对在武汉旅游商品设计大赛中的优

胜者就可以动用这笔基金。

③ 定期组织“武汉旅游纪念品创新设计大赛”。建议每两年进行一次武汉旅游纪念品创新设计大赛并把大奖赛与“武汉旅游商品博览交易会”结合起来进行，博览交易会可以每年进行一次并逐渐国际化，使之成为国际国内旅游商品优质名牌产品的展示舞台。

④ 建立和规范旅游纪念品市场，顺畅旅游纪念品销售渠道。旅游纪念品工作能不能做好，销售环节是关键。

为了使旅游商品货畅其流，必须建立和健全旅游商品市场，一是要在流动人口多、商店林立的地区包括市级商业中心和地区级商业中心，设立旅游商品专柜。二是要重点扶持旅游商品产、供、销一体化的公司，在商业中心和景点景区设立本公司的联营店或连锁店，在这些店里能做到统一品牌、统一价格、统一服务规范。建立这种连锁店最大的好处是能使旅游者放心地在此购物、消费。三是在武汉建立一到两个集中全市甚至全国优质旅游商品的大市场。

⑤ 加强与旅游纪念品开发成熟地区的交流。国内外先进经验，好的做法，好的运行机制，必须深入学习了解。因此有必要采取走出去、请进来的办法，加强与旅游纪念品开发成熟地区的交流，向成熟地区的创意团队学习、请教。

综上所述，本次调查对于旅游产品策划、旅游纪念品设计、销售等具有极大的意义。从目前调查结果来看，武汉旅游纪念品市场需求旺盛，但优质产品供应不足，与武汉旅游城市地位不符。需要政府、企业和高校协同创新，全面发挥政府的组织优势、企业的市场优势、高校的创意优势，为武汉的旅游纪念品和文化创意产业发展、为湖北地区的经济、文化发展做出贡献。

二、“武汉元素”提炼设计

通过调研和资料整理，将武汉元素从四个维度进行头脑风暴，分别是：动植人物、景观建筑、文化故事、衣食住行（图6-1）。

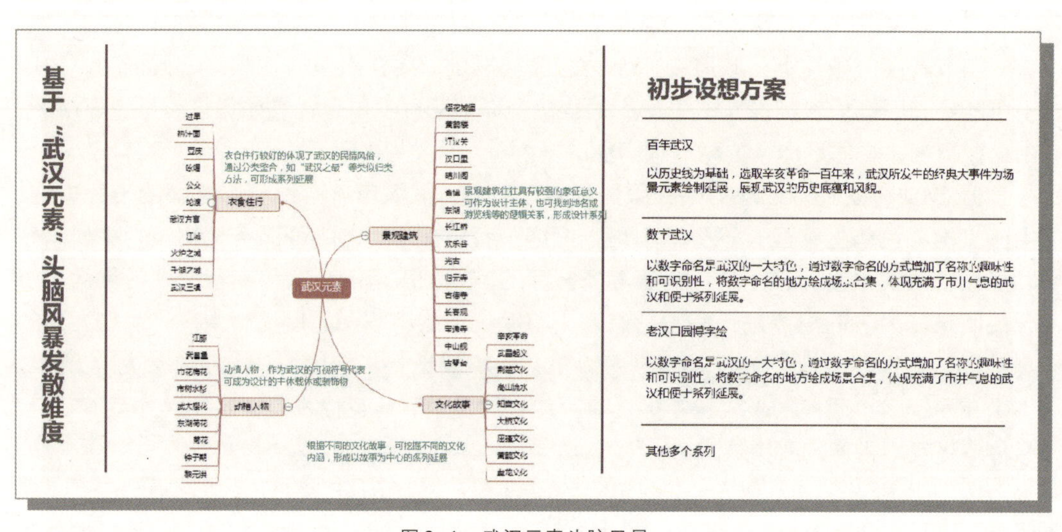

图6-1　武汉元素头脑风暴

筛选和整理后，从以下几个方向进行设计。

（一）武汉谐音系列——五“han”

武汉具有独特的人文风情，通过提炼武汉最具特色的文化和元素，设计出最具特色的“武汉”（图6-2）。

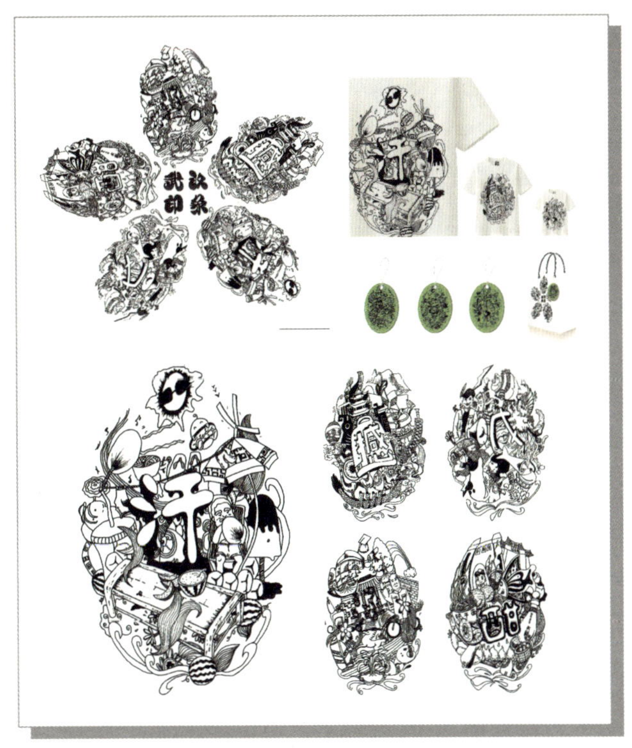

图6-2 武汉谐音系列——五“han”

利用“武汉”中“汉”字的谐音，提炼出五个代表武汉不同风土人情的“han”。

（1）“汗”——闷热。武汉是三大火炉之一，以武汉夏天各种消暑情景来表现。

（2）“喊”——大嗓门。以武汉的特色方言以及使用场景来表现。

（3）“涵”——内涵。武汉是全国高校最集中的三座城市之一，以武汉高校文化特色表达。

（4）“撼”——震撼。武汉是楚文化最集中的地区之一，以编钟和龙舟等为主题元素，用湖北荆楚文化特色来表达。

（5）“酣”酣畅淋漓。武汉小吃文化，以武汉的各色小吃，美食街以及吃的情景来表达。

（二）百年武汉

武汉自古有着“老武汉”“大武汉”之称，历史悠久文化灿烂，其敢为人先、追求卓越的精神也深深影响着每一个武汉人，近百年的历史亦见证了武汉从战争走向和平，由贫困走向繁华，百余年间不乏有许多了历史性事件促进武汉的发展见证武汉的成长，我将从武汉历史着手以时间轴的形式记录武汉近百年影响武汉的历史性时间。作品选取辛亥革命一百年以来所发生的100个大事件作为系列衍生，让我们铭记历史、发扬精神（图6-3）。

图6-3　百年武汉

构图：选取历史性事件特有的人物事件符号，与现代现存的纪念馆旧址古建筑相结合设计，设计用剪影，插画等不同的形式加以表现。

用色：早期历史多用重色深色表现其时代性、复古性；现代历史多用欢快色、亮色，表现其现代感、欢快感，整体色调保持统一。

衍生品：明信片，水杯，纪念小火柴，手提袋等。

（三）武汉地名创新方案

在文创产品设计活动过程中，为了避免进入文化误区和增加设计的严谨性，在具体方案的设计时大致经历了：查阅资料——专家论证——设计执行——审核论证等流程。如图6-4所示。

图6-4　命名溯源及故事整理（部分资料展示）

1.数字序列命名设计方案

“一元路、二曜路、三阳路……数不尽你的风情”，以数字命名是武汉民俗文化的一大特色，通过数字命名的方式增加了名称的趣味性和可识别性，便于记忆和充满了市井气息（图6-5）。

图6-5　数字序列命名设计

2.特色地名与民俗故事设计

根据特色地名和其故事绘制插画场景，应用到花茶包装，并讲述民俗文化故事（图6-6）。

图6-6　特色地名与花茶包装

3. 武汉地名“动物园”

将以动物命名的景点进行整合绘制，形成武汉地名“动物园”系列（图6-7）。

图6-7　武汉地名“动物园”

（四）老汉口园博字绘

将武汉这一城市独有的老建筑、特定植物、历史人文与字体设计相结合，设计成组合图形，可用于各种园博礼品，开发成杯垫、明信片、纪念章、T恤、包等（图6-8）。

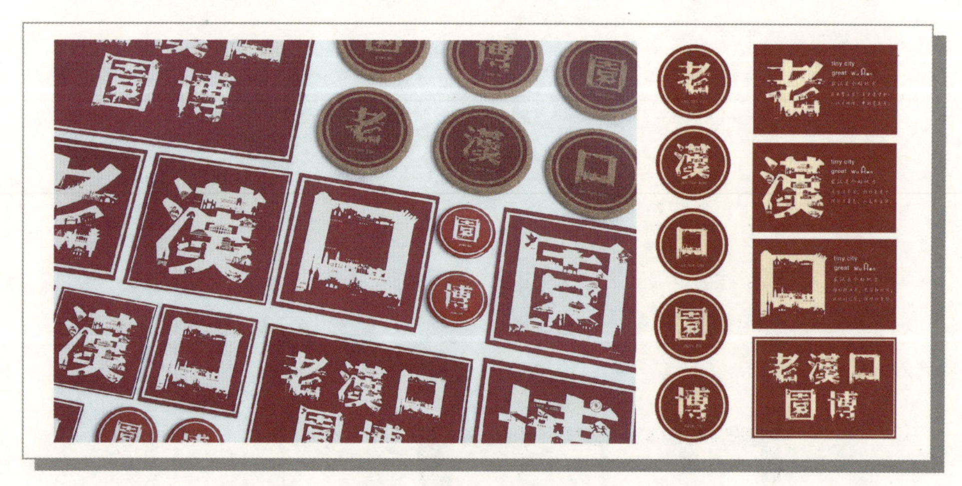

图6-8　老汉口园博字绘

所用建筑元素：黄鹤楼、武汉长江大桥、湖北博物馆、武汉大学、归元寺、欢乐谷、古德寺、江汉关、龟山电视塔、木兰山、“中山”舰等。

所用植物元素：市花——梅花、市树——水杉、东湖荷花、武汉大学樱花、菊花等。

（五）时尚丝巾设计

选取武昌鱼、编钟、黄鹤楼等武汉典型元素进行绘制，设计成符合现代生活场景具有装饰韵味的时尚丝巾（图6-9）。

图6-9　时尚丝巾设计

（六）根据特殊工艺设计

1.园博琉璃类设计。根据武汉特色植物等元素，结合琉璃工艺进行设计。如图6-10所示，即为园博琉璃类设计。

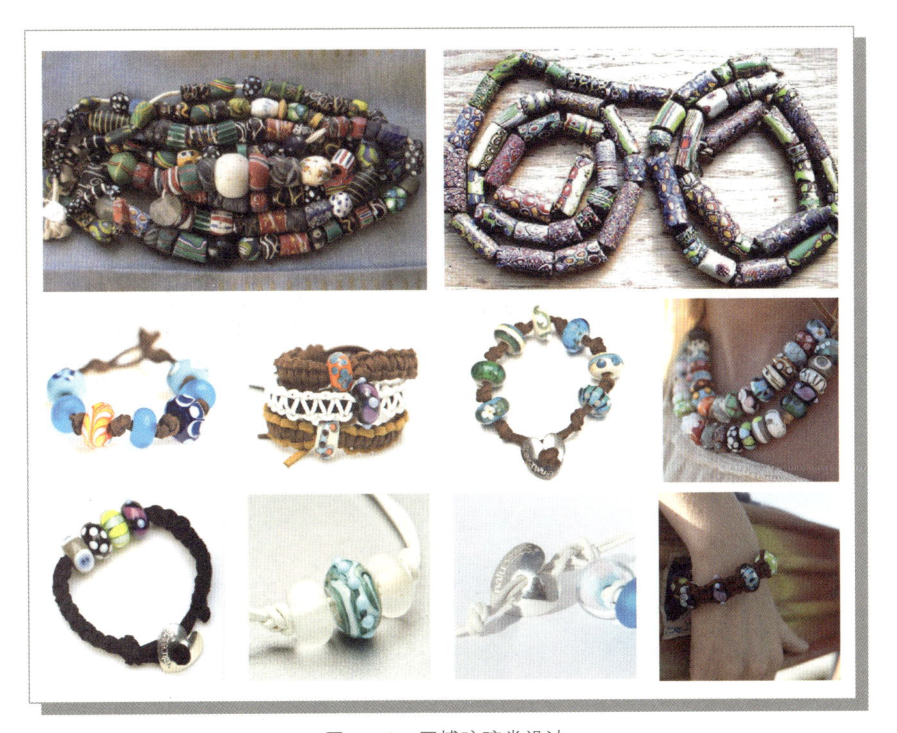

图6-10　园博琉璃类设计

2. 创意漆筷设计

湖北非遗漆器结合武汉典型文化元素设计。如图6-11所示，为创意漆筷设计。

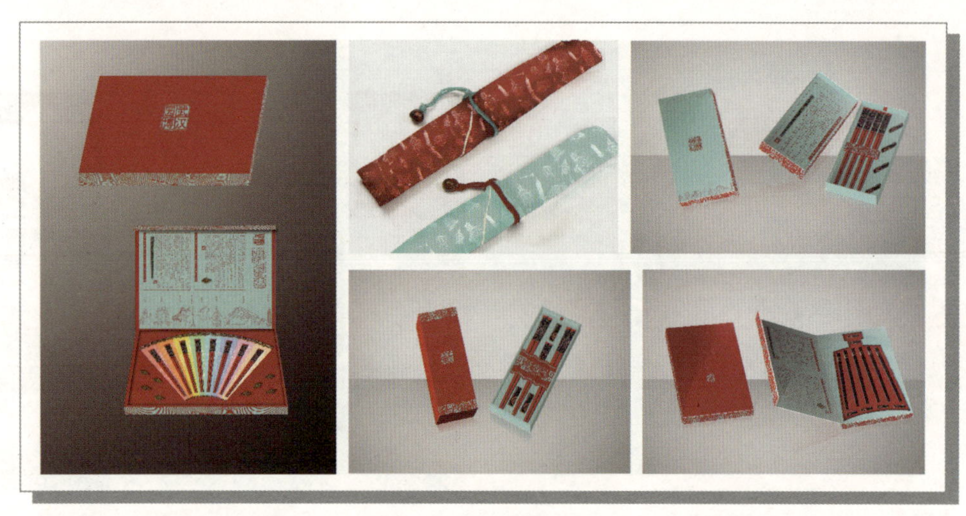

图6-11　创意漆筷设计

（七）手绘地图

根据园博园地图进行绘制和衍生。如图6-12所示，为手绘地图设计。

图6-12　手绘地图设计

三、文创产品开发中的维与度

（一）维度的概念

维度，也被称为维数，是数学中的独立参数。在物理和哲学领域也有关于维度的说法，它指的是独立时空坐标的数量。通常说来被分为一维、二维、三维和四维共4个维度，一维是一条线，只有长度。二维是一个平面，由长度和宽度（或曲线）组成。三维是一个具有高度的二维平面。四维可从时间上和空间上来分，人们说四维往往指的是空间上的概念，四维准确来说有两种：① 四维时空，是指三维空间加一维时间；② 四维空间，只指四个维度的空间，四维运动又产生了五维。将二维向三维转变是将平面作品转换为产品较为常见的一种设计方式。如图6-13所示，乘着北欧设计大师约里奥·库卡波罗与落户上海的芬兰品牌阿旺特Acarte合作生产图腾椅之宜，香港设计师刘小康获品牌邀请，以图腾椅为基础，动员香港创意界老中青三代来自绘画艺术、装置艺术、设计、绘画、插画等各个领域的代表，分别创作出20款各具特色的图案套用在图腾椅上，平面与立体的交流赋予了图腾椅独特的个性。

图6-13　中国设计大展——图腾椅

（二）“武汉印象”旅游纪念品介绍

“武汉印象”是从“吃、住、行、游、购、娱”这6个角度出发，选取相应的、具有武汉本地特色的食物和旅游地点，提炼形式语言，形成一系列扁平化的图形，然后以魔方为载体，将提炼后的图形设计在魔方6个面的54个小方块上，形成一个具有武汉文化底蕴的魔方（图6-14）。精选的内容与精心的设计，向游客们传达了丰富多彩的武汉旅游资源，以巧妙趣味的方式宣传武汉旅游形象。“武汉印象”魔方也由此成为游客的旅游指南。

1.“吃”系列元素的提取

选取典型的武汉小吃，包括“四季美汤包”、糊汤粉、周黑鸭、面窝、糯米鸡、豆皮、洪湖藕、热干面典型小吃，多数取之于武汉本地人的早餐，传达武汉的“过早”文化。糊汤粉，是武汉著名的传统小吃；被誉为“武汉一绝”的鲜鱼糊汤粉泡油条，因武汉的码头文化而发展，是经典的汉味名吃，可以媲美西安的羊肉泡馍；“周黑鸭”则是名声在外的武汉本地特产。根据它们的典型形态进行创作，提炼与修改形成一系列图案。

图6-14 “武汉印象”魔方

2.“喝”系列元素的选取

从游客的需求出发，选取荆楚汤圆、飘香烤奶、糊米酒、江湖鱼汤、五峰茶、醒目果奶、皮蛋瘦肉粥、排骨藕汤这8种。这一系列中，既有武汉本地特色小吃，又有时下年轻人流行的果汁、奶茶，能够满足各个年龄段游客。

3.“游”系列元素的选取

武汉是一座文化底蕴浓厚的城市，有着丰富的旅游资源，从不同的角度出发，可将武汉的旅游景点分为以下几类：建筑类，选取了武汉市标志性建筑之一的江汉关、“万里长江第一桥”的长江大桥；历史文化类，有“天下第一楼”的黄鹤楼，流传千古的伯牙子期相遇之地一古琴台，得名于唐朝诗人崔颢“晴川历历汉阳树，芳草萋萋鹦鹉洲”诗句的晴川阁；宗教类，有武汉现存最古老的宝通禅寺；休闲观光类，武汉东湖风景区；革命纪念类，辛亥革命纪念馆。选取景点为武汉著名的观光胜地，构成底蕴醇厚、异彩纷呈的大武汉。根据景点最具代表性的形态和原本的结构与布局进行绘制与简化，形成辨识度高的图形。

4.“购”系列元素的选取

武汉，中部地区的商业重镇，历史上商贾云集，其商业历史悠久，留下了内涵丰富的商业文化，如通衢之地的汉商文化、近代租借的外商文化、得水之利的码头文化、楚鄂特色的餐饮文化、楚风汉韵的娱乐文化等。武汉商业更古老与现代并存，通过“购”这一主题全面地向游客展现了武汉的商业文化与城市发展。有近几年兴起的光谷商圈、楚河汉街，拥有丰富的商业内容，时尚流行品牌齐聚于此；有“天下第一街”美称的汉正街，是武汉早期的商业中心，在武汉的历史中具有非凡的意义，是武汉码头文化的集中代表；有集购物、休闲、餐饮、商务、文化于一体的武汉广场、武商亚贸广场；有百年商业老街的江汉路和具有一定历史和口碑的武汉天地、首义商圈等。这几处商圈涵盖满足不同消费层次需求，分布武汉三镇。

5.“娱”系列元素的选取

涵盖有小朋友喜爱的动物园、极地海洋世界和植物园，年轻人娱乐、休闲的欢乐谷、中山公园，中老年人喜爱的森林公园，可以体验田园风光的石榴红村，也有高端时尚的赛马之都的东方马城。遍布武汉三镇，可领略整个大武汉的风光与魅力。

整个魔方在颜色的选取上，凸显出青春的气息彰显活力，扁平化风格的图案，使这5个主题看起来更加统一、整齐和美观，符合时下的审美。这一系列图形在后期的开发应用上也非常灵活，例如应用在T恤、扑克、马克杯、包袋、胸章上，都有较好的呈现。如图6-15所示，即为魔方展开图。

图6-15　魔方展开图

第二节　荆州博物馆文创商品的“楚文化”表现

一、荆州博物馆的前期调研与总结

荆州博物馆位于湖北省荆州市荆州区，是一座地方性的综合性博物馆，为国家AAAA级旅游景区，占地4.8万平方米。以其优美的环境、丰富的馆藏文物和独具地域特色的文物珍品陈列以及考古研究的丰硕成果而享誉海内外。1994年经国家文物局专家评选，该馆荣获中国地市级“十佳博物馆之首”的美誉。荆州博物馆配合各项工程建设，发掘出土珍贵文物12万余件。其中，有战国丝绸；吴王夫差矛；有战国、秦汉漆器；有中国也是世界上最早的数学专著《算数书》和萧和“二年造律”的《二年律令》等汉初简牍；有迄今为止保存年代最久远、最为完好的西汉男尸。该馆配合各种基本建设，先后发掘了7000多座古墓葬和近20万平方米的古文化遗址。

通过调查分析发现，荆州博物馆的文化创意产品开发存在以下一些问题。

（1）重视不够，缺乏系统规划。荆州博物馆虽藏品数量众多，但因缺乏资金支撑等因素，所以在文化创意产品的开发投入力度较小，并没有对博物馆的文化创意产业进行一个系统的规划。

（2）开发能力较弱，产品无地方特色。荆州博物馆现有的旅游纪念品种类不全面，“缩小版”的文物复仿制品比重较大，有三分之二是全国各地都可以销售的“硬通货”，纪念品商店出售的物品不能代表荆州地方特色。

（3）价位两极分化、无分层开发意识。荆州博物馆高端藏品复制工艺品价格非常昂贵，而低端产品制作又粗糙低劣，无法激起消费者的购买欲望。品类单一，无法满足不同层次的游客购物需求。应根据游客的需求，如“衣食住行”来打造一系列的旅游纪念品，真正以人为本，服务于游客。

（4）品牌意识弱，产品陈列零散。荆州博物馆文创商品陈列零散，产品没有体现博物馆形象和历史文化内涵。如可根据荆楚文化、三国文化等，以故事或者实物为依据，开发系列的旅游纪念品，建立起相应的品牌。

二、“楚文化”头脑风暴

通过对荆州博物馆的文创产品开发前期调研总结，发现其核心问题是缺少具有楚文化特色的文创商品，且系列感不强。基于此，笔者以“楚文化”为核心展开了头脑风暴，分别从非物质文化遗产、物质文化遗产、文化精神和纹饰四个维度进行，分析典型的“楚文化”元素（图6-16）。

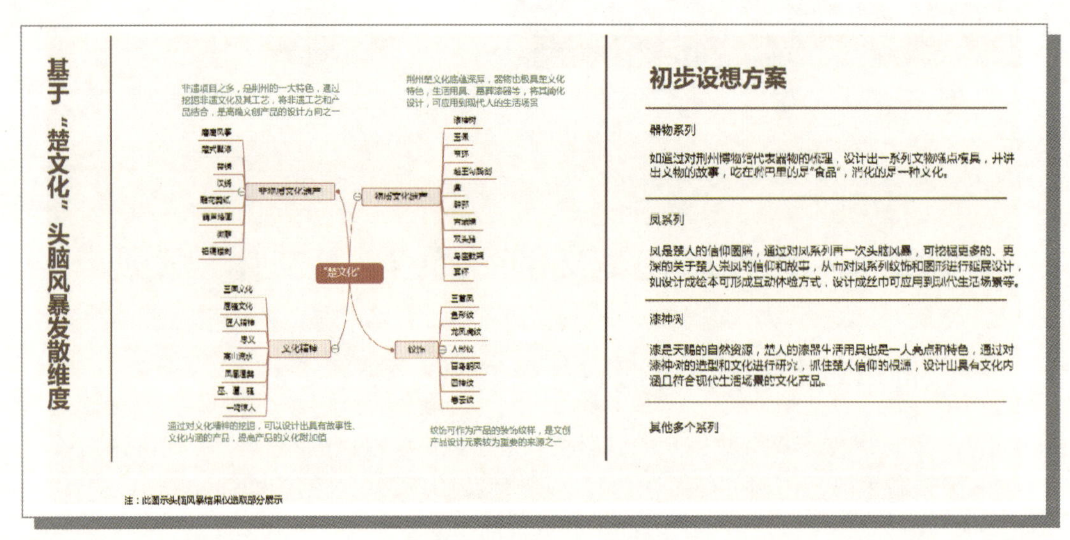

图6-16 “楚文化”头脑风暴

经过讨论和分析，团队初步整理筛选了八个方向，其产品品类和对应的文化分别是：①棋牌类——三国文化；②笔记本——屈骚文化；③文具——一鸣惊人；④食品模具——文物；⑤漆神树——笔架；⑥绘本——纹饰；⑦茶具——高山流水；⑧其他。

三、荆楚博物馆文创商品的“楚文化”表现——以“齐物”笔架为例

（一）设计品类定位

根据对楚漆器的研究与实地考察来看，楚漆器品类丰富，包含生活的各个领域，如酒具、家居产品、装饰摆件、祭祀器具等，且实用性与审美性相结合。另一方面，荆州博物馆学习型游客较多，对具有文化性、实用性和纪念性的产品需求较高，通过对文物

造型的提取后将文创产品定位为文房用具——笔挂。

1.文房用品的解析

“文房之名起源于我国南北朝时期，专指文人书房而言。”到了南北朝时期，文房用品的种类已经很多，发展基本齐全。文房用品除了我们所熟知的文房四宝——笔、墨、纸、砚之外，还包括笔筒、笔架、墨床、墨盒、臂搁、笔洗、书镇、水丞、水勺、砚滴、砚匣、印泥、印盒、裁刀、图章、卷筒等，也都是书房的必备品。它的发展由最初的实用器具，到明清时期逐渐转向集使用与艺术为一体的文玩。文房用品有着独特的艺术语言和深厚的文化内涵，在古代器物设计中有着重要的地位。

文房用品作为一个时代的产物，它的设计不可避免地印上了时代的烙印。通过对其历史发展的研究看出，受中国传统儒、道、释思想的影响，文房用品在古代的设计中无不体现中国古人的天人合一，崇尚自然的哲学思想。

2.楚式漆器与文房用品的关系

文房用品作为楚式漆器文创产品开发的载体有一定的依据。从文化层面来说，文房用品本身就有着独特的艺术语言与文化内涵，是文化传播的载体，而楚式漆器作为楚文化的代表文化，其中蕴涵着深厚的楚文化内涵，具有较强的文化性；另外，文房用品历经历史的演变，其本身蕴涵的“天人合一”“崇尚自然”的哲学思想，这与楚式漆器中蕴涵着的老庄思想不谋而合。从设计层面上来说，楚式漆器的创新发展与文房用品的设计需求能达到统一。

（二）设计元素的提取

1.造型元素来源

设计作品器物参考来源于灵感来源于“漆神树”（图6-17）。“漆神树”发掘于湖北荆州境内长湖西岸五山村的一座战国中期楚墓。此楚墓是一座卿大夫或封君级别的大型楚墓——天星观二号（天M2）。“漆神树”的原型是一颗成年的自然界中的树，作为随葬品，它被进行了精细的雕琢。神树的主体由两大部分组成，一是神树的主干和枝干部分，另一部分是栽插神树的方形底座。“漆神树”的主干较长，呈现出自然的弯曲状，下部稍粗，且作一方形子榫插于底座中央的方形母榫内。主干中部以上则满是茂密的枝丫，较大的枝丫共有14根，层层叠叠、纵横交错、姿态各异。此外，在主干的末梢，树枝梢头以及树杈等部位又分别雕刻和安置着鸟、豹、猴、螺等28只各类动物。

图6-17　漆神树

此“漆神树”是楚国神树唯一的完整实物标本，在楚文化中，楚国是一个“信巫鬼，重淫祀”的国度，“漆神树”是楚人心目中的神树，是楚人进行巫术活动中的一种工具，它的主要作用是沟通天地人神，是楚人神树崇拜的一种至关重要的表现形式。“漆神树”的下部是一个方形的木座（树座），之所以为方形，相关专家学者认为这与中国古代“天圆地方”的宇宙观具有密切关系。

2. 整体造型说明及草图

笔挂设计是以漆神树为原型，在它的形态基础上进行简化，简化后共分为上、下两个部分，上一部分为笔挂的主体部分，分为承重的主杆和挂笔的侧杆。侧杆共有5个，侧杆的顶部雕刻有五种动物的头部，分别为凤、龙、鸟、鹿、虎，衔接自然，风格简单圆润。左边草图是最初的构想，但整体看起来较为复杂，且已有此种形态的笔挂；通过进一步简化形成了中间方案，随着研究的深入以及后续的更多美观性上的考虑，对中间方案再次进行了简化，形成右边方案，右边方案侧杆5个动物头在摆放顺序上来体现楚人的图腾信仰（尊凤、贬龙、贱虎）。如图6-18所示，即为笔挂草图。

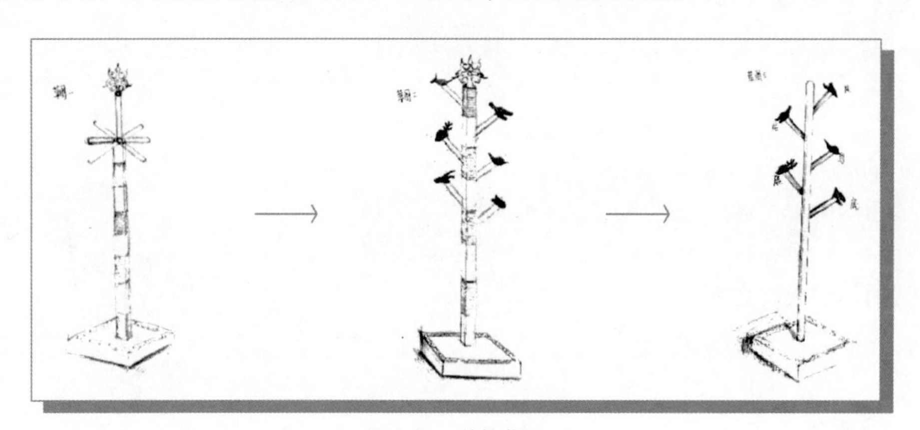

图6-18　笔挂草图

3. 侧杆造型说明及草图

侧杆选择凤、龙、鸟、鹿、虎这五种动物形象，首先，是基于漆神树原本就雕刻着鸟、豹、猴、螺等28只各类动物，其他动物形象由于年代久远，无法得知；其次，从出土的楚漆器上来看，不管是从造型上还是从纹饰上都可以见到凤、龙、鸟、鹿、虎、猪等动物形象，例如虎座飞鸟，同时就出现了鸟、鹿、虎这3种动物。

在进行元素提取的时候多选择商周时期青铜器、玉器的动物纹饰为参考，原因有以下两点：其一，楚式漆器的纹饰在早期形态大致上继承了商周时期青铜器的纹饰，二者具有很多的相似之处；其二，楚式漆器的纹饰在发展成熟的阶段偏向于抽象化，而商周时期的青铜纹则偏向于具象化，动物的形态可以准确地辨别，商周青铜器的纹饰更利于从二维向三维的设计转变。

（1）凤造型的确定（图6-19）。凤造型的轮廓来源于战国时期青铜器上雕刻的凤纹，提取它的基本图形后，提炼出头部形态，在头部的基础上，将凤冠与头型进行了调整，使整体看起来更简洁，线条更明确；原本凤冠处的尖角容易对衣物等造成损坏，调整后更加圆润；使凤嘴更加简洁化与形象化，令其整体看起来与人们认知中的凤的形态更加接近。

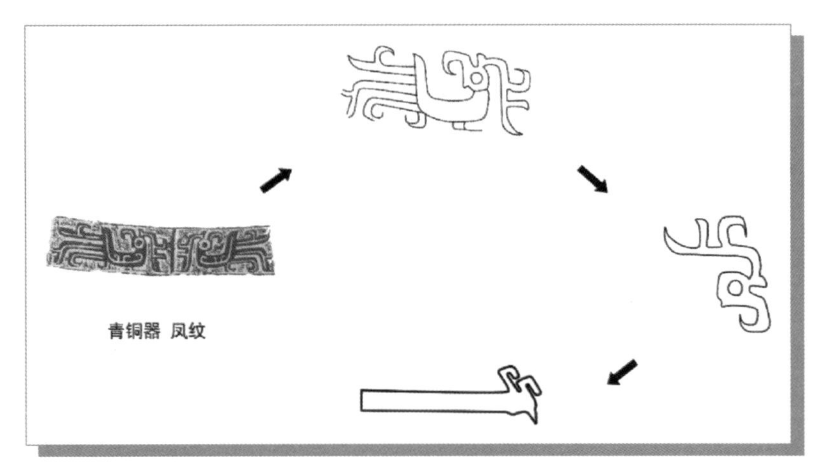

图6-19 凤造型的设计过程图

（2）龙造型轮廓的确定（图6-20）。龙造型的轮廓图是根据战国龙纹玉佩描绘的龙形轮廓，根据图中龙的造型，在保持基本轮廓不变的情况下，调整了龙角的形态，使整体轮廓线变得更加简洁与圆润，且与凤头在整体上看起来相协调与统一，最终确定了龙头的造型。

图6-20 龙造型的设计过程图

（3）鸟造型轮廓的确定（图6-21）。鸟的造型是根据商周青铜器的凤纹演化而来的，凤在一些特征上与鸟接近，商周时期凤的形态更具写实化，所以笔者在此基础上提取了凤的头部轮廓线，此时与鸟的形象更为接近，在保留了凤头基本造型的前提下，将头部、嘴部、翅膀这三个地方进行变形，使其与鸟的形态更加接近，整体看起来具有辨识度，且与凤的造型又能区别开来。

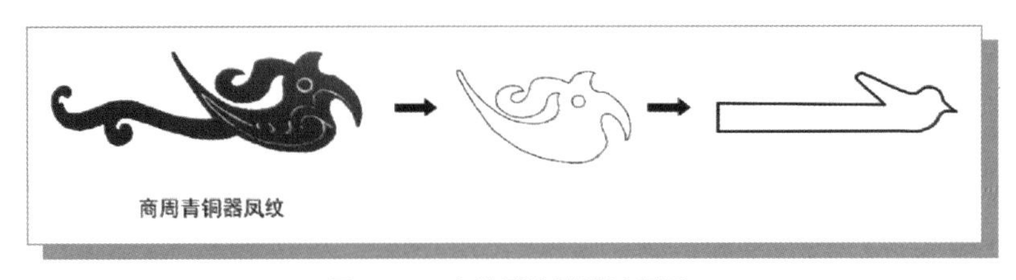

图6-21 鸟造型的设计过程图

（4）鹿造型轮廓的确定及效果图（图6-22）。鹿的造型来源于楚漆器——彩绘木雕座屏，提取其中鹿头的轮廓后，保留其头部的形态，将原有的稍显细长的鹿角部分用夸张的手法凸显出来，使其具有辨识度，轮廓线更为圆润流畅，整体形态看起来简约、精致。

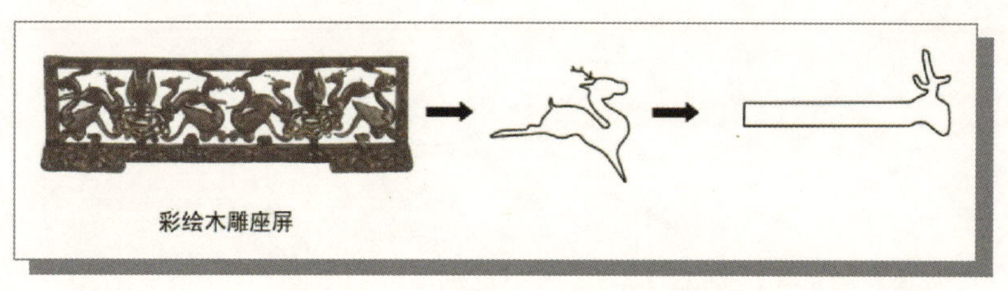

图6-22　鹿造型的设计过程图

（5）虎造型轮廓的确定（图6-23），虎的造型来源于楚漆器——虎座飞鸟中虎的形态，可以大致地确定虎头的造型，为了增加虎头的细节与辨识度，在此基础上，又参考了战国时期玉玦中虎纹的一些形态，添加了虎嘴部的细节，使虎的造型更加丰富饱满，一改虎座飞鸟中虎畏缩、胆小的形象，体现出虎的强壮与威猛，更加贴近人们心中虎的形象。

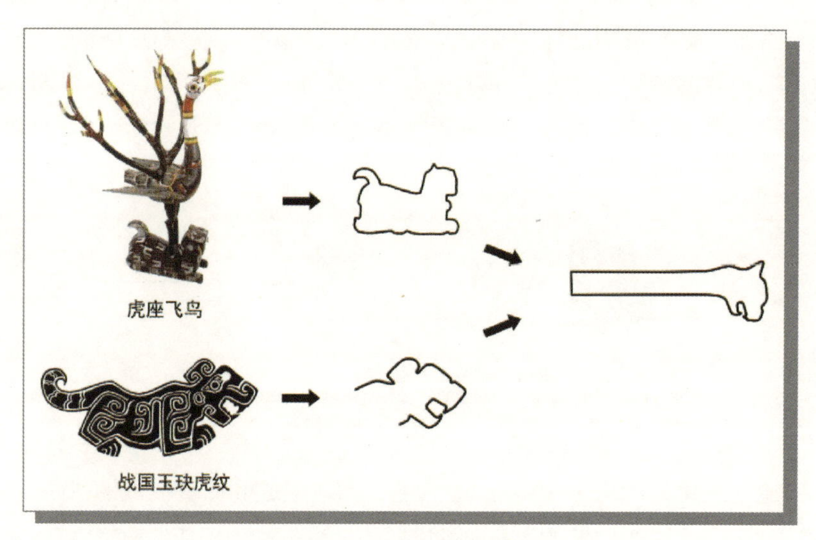

图6-23　虎造型的设计过程图

4. 图案装饰元素来源

笔挂的底座为正方体收纳盒，正面以凤鸟纹描绘装饰。凤是中国古代传说中的一种神鸟，有“鸟中之王”的称号，在不同的历史时期有着不同的意义。商周时期，人们视之为神灵，能够沟通天上人间；汉唐时期，人们将之作为瑞物祥鸟来敬奉；宋以后，凤的形象才逐渐摆脱宗教神秘色彩，成为民间各类工艺品的装饰图案，象征幸福美满、喜庆吉祥。战国时期的楚地有崇凤的习俗。在楚人心目中，其先祖祝融是火神、太阳的化身，因此，楚人把火视为神灵，而传说在火中再生的不死之鸟凤凰，也就成了火的象征，楚人相信它是天使，能够指引人的灵魂升天。在这种崇凤心理的影响下，凤在楚文化中具有至高无上的地位，不是楚国尊严的象征。张正明在《楚史》里这样说道：“楚人尊崇凤，也就是尊重自己的祖先；楚人钟爱凤，也就是钟爱自己的这个民族。”因而，楚人在描绘凤的形象时，也都将其认为最美好的特征赋予凤，所以我们在楚漆器上会见到大量的凤鸟造型和凤鸟纹饰，选取凤鸟纹装饰就可以更进一步地凸显楚文化特色。如图6-24所示，即为楚漆器中的凤鸟纹。

图6-24　楚漆器的凤鸟纹

5.装饰图案草图及说明

草图中底座的凤鸟纹饰，是笔者根据“彩绘凤纹盘”与战国青铜器上的几何纹演变得来的，“彩绘凤纹盘”的盘沿描绘着一圈变形、简化后的凤纹，形态优雅，具有美感，呈“S”形首尾相连，提取了这一凤纹的组合形态。在此基础上，提取了战国青铜器上的三角形纹，将二者相结合形成最基本的凤鸟装饰图案（图6-25）；然后，笔者根据方形底座的四条边的长度，设计出最后的方形凤鸟适合纹样（图6-26）以及设计效果图（图6-27）。

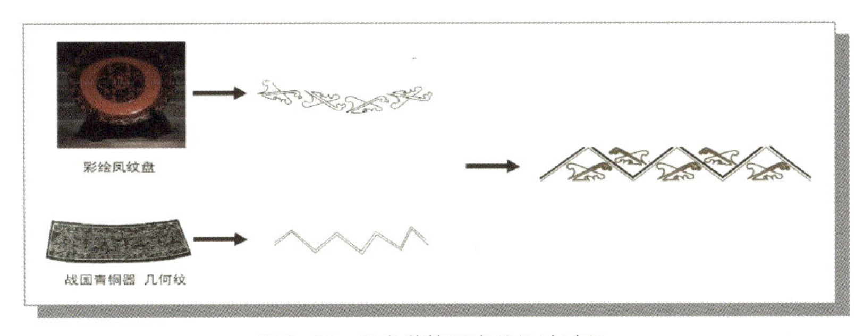

图6-25　凤鸟装饰图案的设计过程

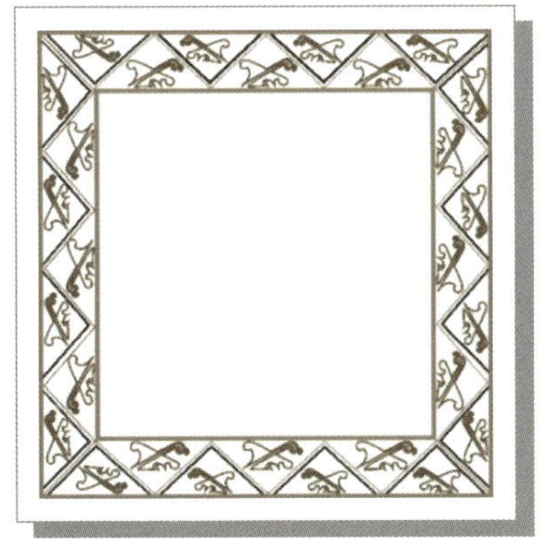

图6-26　凤鸟装饰图案

图6-27　凤鸟装饰效果图

（三）设计原则及理念

1.秩序性设计

笔挂共有五个侧杆，顶部分别雕刻着凤、龙、鸟、鹿、虎的动物头型，顺着主杆的顶端往下摆放，顺序为：凤头、龙头、鸟头、鹿头、虎头；凤最上，虎最下（图6-28），这样的摆放顺序来源于楚文化中的图腾信仰——“尊凤、贬龙、贱虎”。其次，楚漆器上大量使用的凤纹、S形纹或卷云纹、花枝纹的构图中，凤始终占据着主体位置。龙纹在楚漆器中也是可见的，但是相比凤纹较少，“贬龙”这一风尚可见一斑。“贱虎”这一楚风俗在楚漆器代表作——“虎座飞鸟”中得以充分体现。还有一种说法，虎是楚的敌国——巴的图腾物，凤立于其上，暗示着巴臣服于楚。因此，在楚文化产品的设计中应尊崇楚文化信仰。

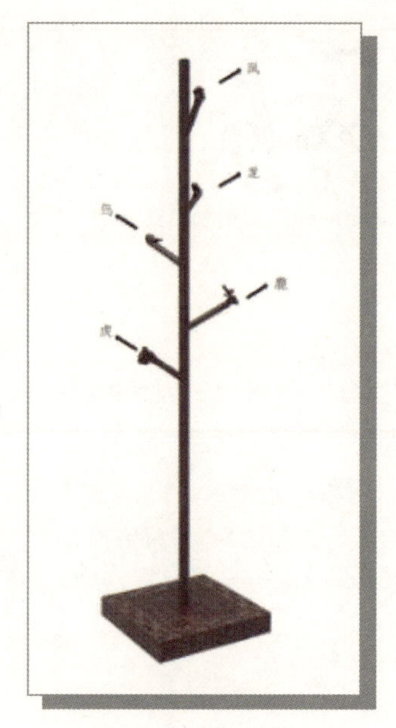

图6-28　秩序设计

2. 收纳性设计

由于笔挂的形态与大小有一定的体积，考虑到运输及携带方便性的问题，针对这款笔挂进行了收纳性上的设计（图6-29）。收纳性设计主要体现在两个方面：一方面是组装方式上，笔挂的设计是可拆卸式设计；另一方面是携带方式的收纳性，主要体现在方形的底座既起着支撑作用，也是用来放置未组装的件的包装盒。

3. 设计思想

“天人合一”是中国哲学的基本精神，也是中国哲学和中国艺术异于西方的最显著的特征。这一思想观念最早由庄子阐述。《庄子·达生》曰：“天地者，万物之父母也。”《易经》中讲究“三才”之道，将天、地、人并立起来，并将人放在中心地位，这就说明人的地位之重要。天有天之道，天之道在于“始万物”；地有地之道，地之道在于“生万物”。人不仅有人之道，而且人之道的作用就在于“成万物”。对于处于受礼法约束较少的南方地区，楚漆器的设计从庄子思想和西周易经文化中汲取营养，形成了“天人合一”的设计思想，这也是楚漆器艺术的精髓所在。

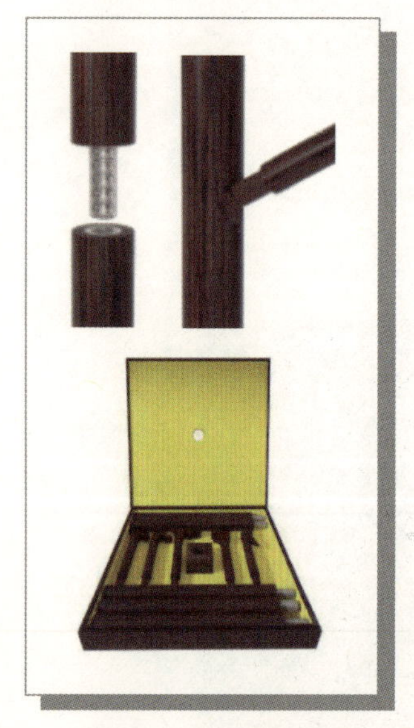

图6-29　收纳设计

此笔挂的设计造型有区别于常见的笔挂形态，整体造型呈树状，底座呈方形，五个挂笔的侧杆均匀地分布在“树”的主杆上，五个侧杆顶部雕刻着凤、龙、鸟、鹿、虎这物种动物，从整体上来看，体现了自然界的和谐，方形的底座蕴涵着“天圆地方”的宇宙观，恰好将天、地、人、自然界有机地统一在这一笔挂上，恰如其分地体现了“天人合一”的哲学思想，继承了楚漆器的造物美学。

（四）设计材料及效果图

1. 材料选择

笔挂属于文房用具，而文房用具发展到现代，使用人群多属于从事艺术工作者，例如书画艺术家、艺术专业学生、收藏家等，主要应用于书画艺术创作等。针对艺术工作者来说，比较注重文房用具的实用性，需要使用来进行艺术创作的频次高，所以笔挂的材料可以选取中低档的木材，例如榆木、榉木、鸡翅木等；而对于收藏家，则采用珍贵的木材和精湛的手工制作技艺，考虑到经济增长价值及收藏价值，例如黄花梨、檀木、酸枝木等。

2.设计尺寸图、效果图、设计细节图（图6-30）

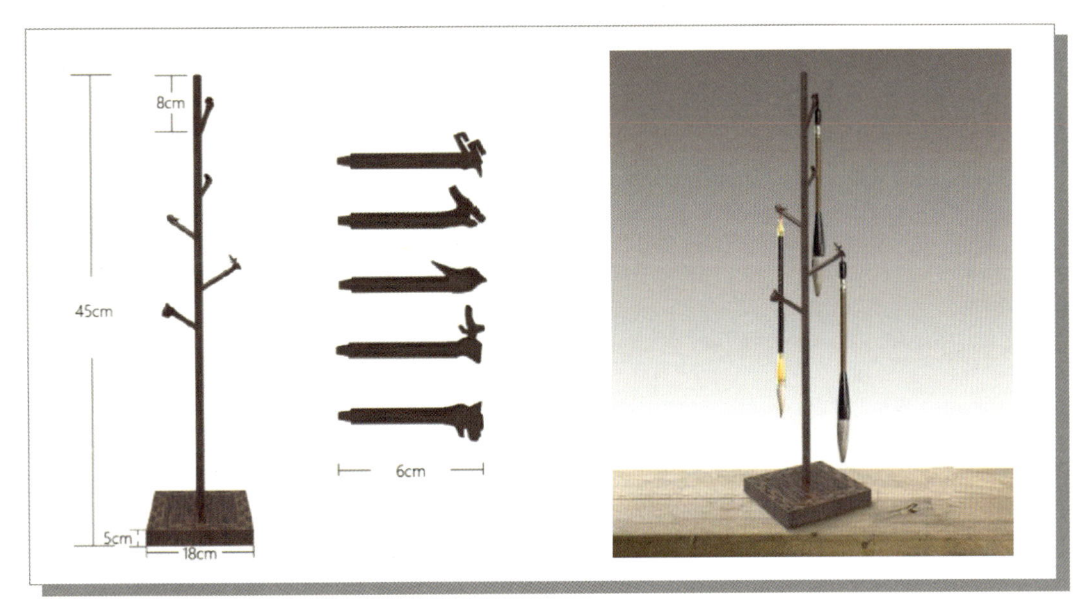

图6–30　设计尺寸图、效果图、设计细节图

（五）延展设计

文创产品的设计系列化，可丰富产品和便于消费者根据的自己的需求进行选择。文房用具历经历史的沉积，发展到现代早已不仅仅局限于传统的笔、墨、纸、砚等这四种产品，还包括以实用性为主的笔洗、笔搁、镇纸等，还包括书房内的装饰品，考虑到系列化应用场景，延展设计选取镇纸进行设计。如图6-31所示，即为镇纸效果图。

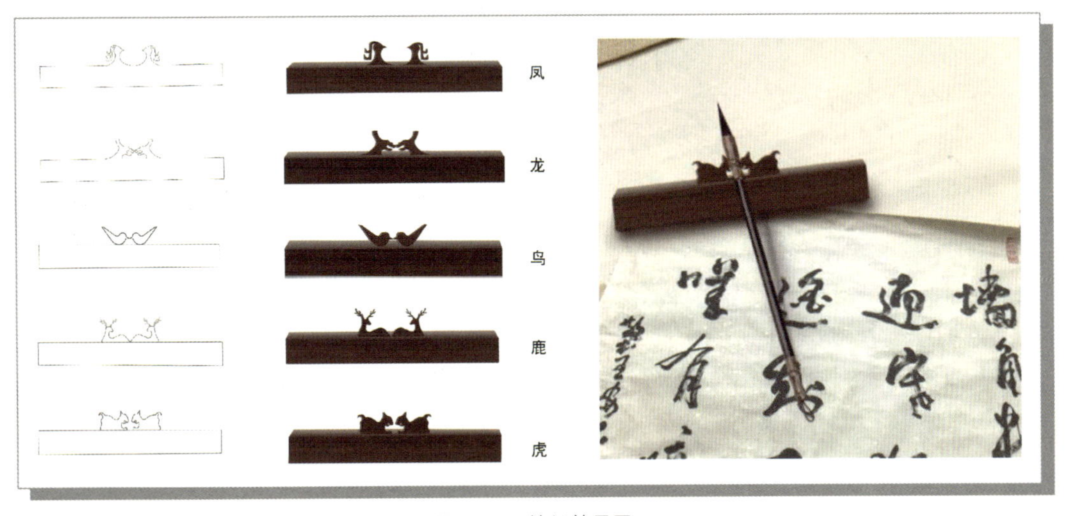

图6–31　镇纸效果图

四、文物食品模具设计

通过对文物进行系统梳理，形成文物食品模具（图6-32）。

图6-32　文物食品模具设计

第三节　旺旺文创食品设计

一、旺旺食品品牌调研与总结

提到旺旺食品，是大多数“90后”儿时的回忆，对于“90后”一代来说，忘不了“雪饼”和“仙贝”等送礼“明星”产品。通过调查我们了解到，“70后”“80后”“90后”甚至“00后”，在经过旺旺广告的刷屏式营销后，几乎达到无人不识“旺”，当然这也离不开旺旺本身对产品质量的严格把控。总的来说，旺旺产品在近几年的生产和营销中不断让品牌年轻化，迎合消费趋势，开发新品类，迎合年轻人口味。在互联网营销方面，旺旺“情怀”广告、“鬼畜”广告等层出不穷，其中“旺旺搞大了”系列更是吊足了年轻人胃口，勾起了一代人的回忆（图6-33）。

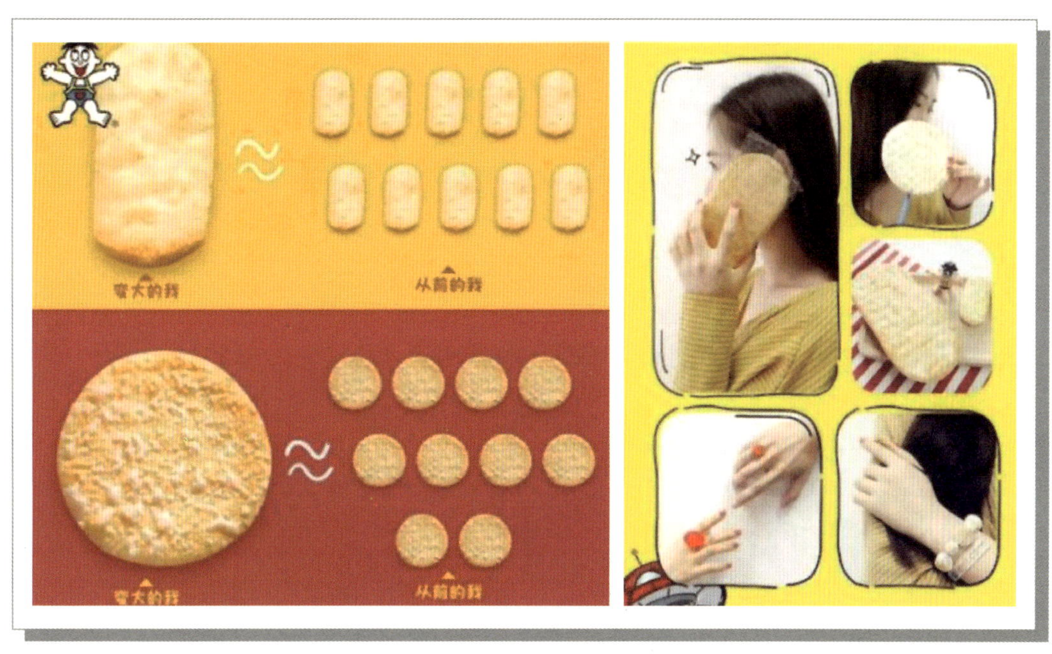

图6-33　“旺旺搞大了”系列文创食品

通过调查和总结，近几年的品牌调性和营销路径主要体现在以下几点：① 拥有很强的互动性，以微博旺仔俱乐部和微信公众号为基础社群平台进行互动和扩散；② 拥有很强的趣味性，通过手绘的方式等，以新奇的玩法给人带来愉悦的体验；③ 迎合互联网潮流，通过鬼畜玩法等，在视频网站进行扩散；④ 品牌年轻化，与游戏企业等通过IP授权进行异业合作。

二、旺旺文创食品开发

通过对旺旺品牌有初步的了解后，对旺旺品牌方案设想进行了思维发散。第一轮头脑风暴侧重于对旺旺品牌调性、关联文化、相关产品等的深入了解；第二轮头脑风暴侧重于对方案的设想，主要从品牌、文化、生活方式等维度进行思考创新（图6-34）。

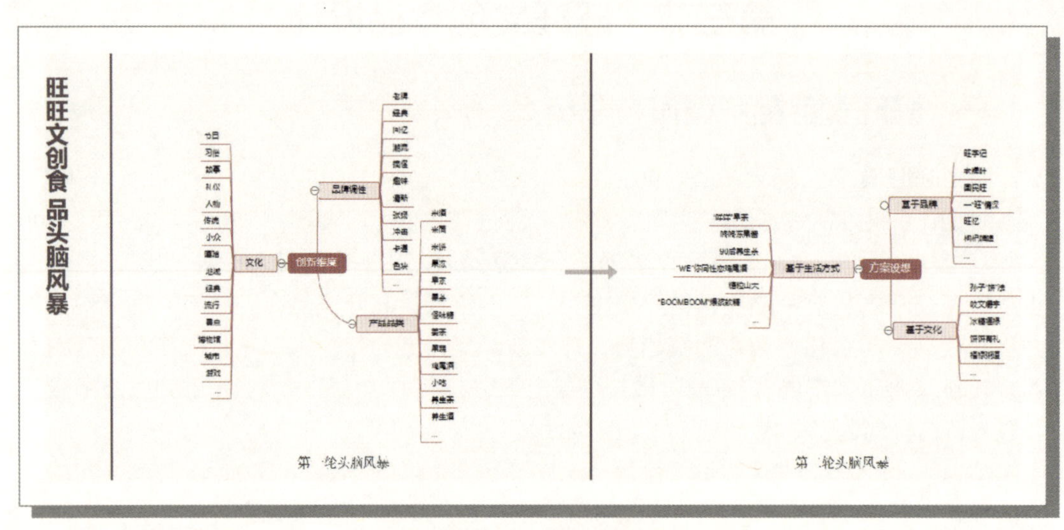

图6-34　旺旺文创食品头脑风暴

（一）基于品牌创新方案

1.枸杞嗨啤饮品——黑皮品牌“潮化”

多品牌策略是旺旺集团零食品牌的核心策略，针对消费者需求差异性，强化多品牌经营，如黑皮、哎哟、贝比玛玛、那多利、辣人等，每个品牌都有针对性的目标客户群及产品诉求重点。啤酒里煮枸杞是年轻人一种快乐的生活方式，“黑皮”与“嗨啤”谐音，“枸杞嗨啤”将黑皮品牌“潮化”，代表快乐、积极、向上的生活态度（图6-35）。

图6-35　“枸杞嗨啤”方案展示（赵世峰）

“枸杞嗨啤”将黑皮的形象年轻化，张开的双手是黑皮的文化精神内涵所在，寓意快乐的制造者，自信的主张，海纳百川的胸襟，热情的态度，勇于接受挑战的魄力（图6-36）。

图6-36 枸杞嗨啤方案展示（赵世峰）

2. 甜酒嗨皮饮品

“甜酒嗨皮”为系列产品，洞察年轻女性对低度酒的需求，满足女权时代的女性消费群体（图6-37）。

图6-37 “甜酒嗨皮”系列产品展示（赵世峰）

（二）基于文化创新方案

1. “冰糖福禄”糖葫芦——讲述中国年的故事

在中国传统文化中，“葫芦”谐“福禄”，寓意健康、长寿、平安、吉祥。“冰糖福禄”糖葫芦（图6-38）通过绘制传统中国年中除尘、守岁等场景，讲述中国年的故事，营造节庆民俗氛围，传达吉祥安康的寓意。

2. “孙子饼法”雪饼——吃在嘴巴里的智慧

在诺曼的《情感化设计》一书中提到，美感、乐趣和愉悦共同作用能给人带来正面的情绪，产生快乐的感觉。这种感觉可以帮助我们解压，激发我们的求知欲和学习能力。如图6-39所示，孙子兵法是中国古典军事文化遗产中的璀璨瑰宝，代表古人的谋略和智慧；旺旺是零食界的国民品牌，旺仔是旺旺食品最具代表性的形象。“孙子饼法”用谐音的方式将旺仔和对孙子兵法关联起来，通过萌趣的方式讲述孙子兵法的十三篇谋略，以寓教于乐的方式拉近与消费者距离。

图6-38 “冰糖福禄”糖葫芦（宋雯、林青）

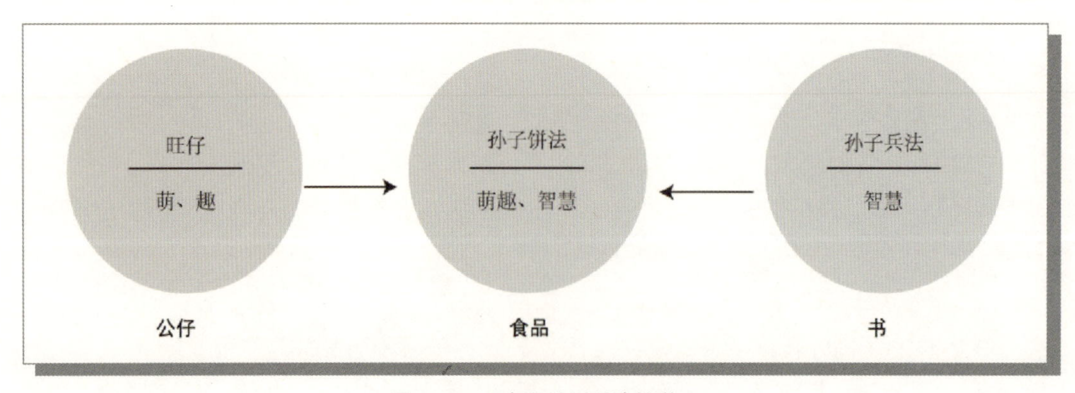

图6-39 旺仔和孙子兵法关联

孙子兵法有兵法13篇，“孔子饼法”产品插图根据13篇内容进行场景绘制，通过讲故事的方式演绎“吃在嘴巴里的智慧”（图6-40）。

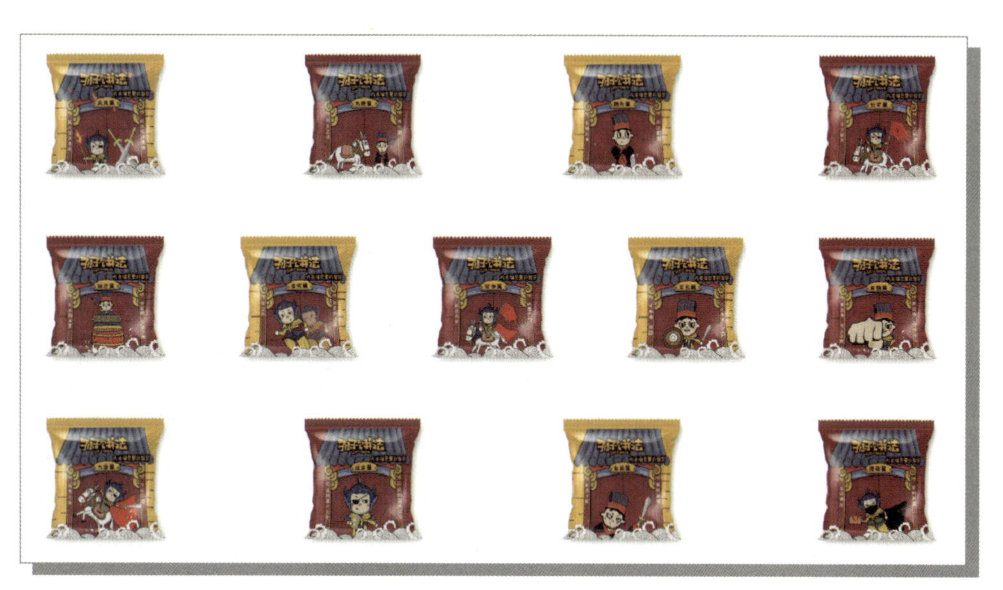

图6-40 “孙子饼法”13篇

系列衍生根据生活场景拟定产品品类，设计的品类有抱枕、立牌、拼图、胶带等较为常见和常用的文创商品。如图6-41所示，即为“孙子饼法”系列文创衍生品。

图6-41 “孙子饼法”系列文创衍生品

3.“咬文嚼字”煎饼——汉字文化再演绎

生活在互联网时代的人，习惯了手机、电脑、拼音输入，“提笔忘字”是“手癌症”患者的常态。合体字是汉字造字文化的一种，“咬文嚼字”将合体字重新演绎应用在煎饼包装，让消费者在吃掉它的同时消化汉字文化（图6-42）。

图6-42 “咬文嚼字”煎饼

（三）基于生活方式创新方案

1.“咚咚冻”——减压果冻饮料

“生活压力大”“996工作制度”成了当代年轻人的生活常态，越来越多的人去寻求释放生活压力的方式。“咚咚冻”果冻，通过包装的表面颗粒吸引“强迫症”青年挤压的冲动，从而达到情感宣泄的目的（图6-43）。

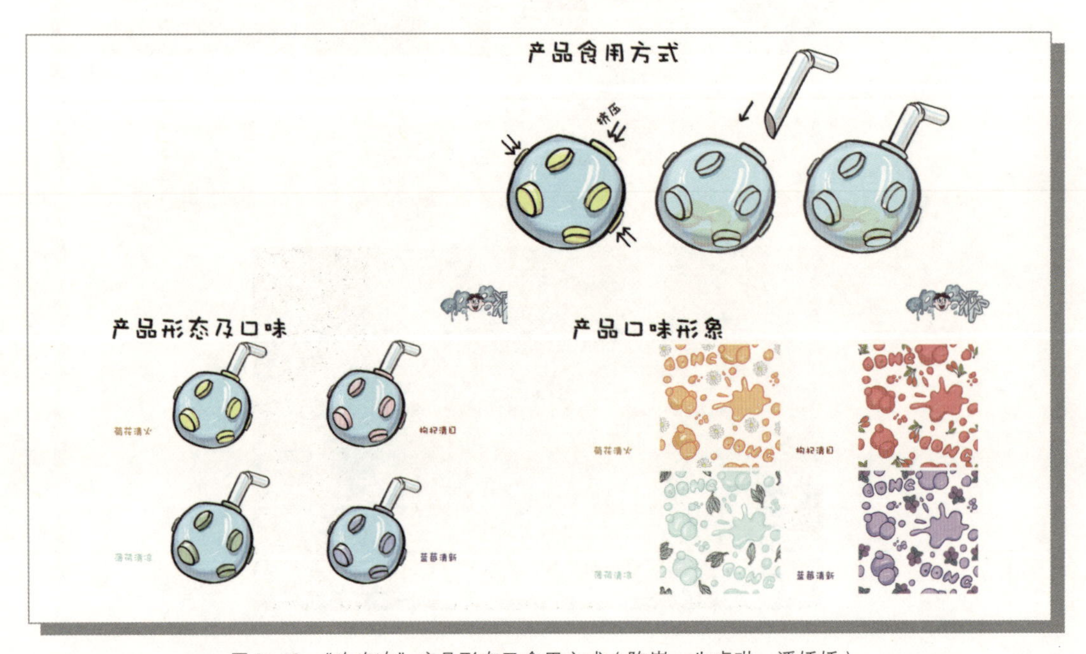

图6-43 “咚咚冻”产品形态及食用方式（陈巍、朱睿琳、潘娇娇）

2. 礼包及“抓娃娃”

大礼包的设置给予消费者更多的惊喜，“抓娃娃”机互动装置设计让消费者“乐在其中”（图6-44）。

图6-44　礼包及“抓娃娃”机互动装置

参考文献

[1] 吴朋波. 旅游纪念品设计. 北京：人民邮电出版社，2014.

[2] [美]唐纳德・A. 诺曼著. 设计心理学. 梅琼译. 北京：中信出版社，2010.

[3] 柳冠中. 设计方法论. 北京：高等教育出版社，2011.

[4] 季芳，杜湖湘. 艺术设计美学教程. 武汉：武汉大学出版社，2015.

[5] 杨裕富. 设计的文化基础，文化、符号、沟通. 台北：亚太出版社，1998.

[6] 杨裕富. 创意活力：产品设计方法论. 长春：吉林科技出版社，2004.

[7] 尹定邦，邵宏. 设计学概论. 长沙：湖南科学技术出版社，2016.

[8] 金涛，闫成新，孙峰. 产品设计开发. 北京：海洋出版社，2010.

[9] 林明华，杨永忠. 创意产品开发模式：以文化创意助推中国创造. 北京：经济管理出版社，2015.

[10] 胡飞，杨瑞. 设计符号与产品语意：理论、方法及应用. 第2版. 北京：中国建筑工业出版社，2012.

[11] 管宁，陈秋华. 创意设计与文化产业. 镇江：江苏大学出版社，2015.

[12] 汪劲松. 市场调研：流程管理与操作方. 北京：科学出版社，2013.

[13] 李泽厚. 美的历程. 北京：生活・读书・新知三联书店，2009.

[14] 叶朗. 美学原理. 北京：北京大学出版社，2009.

[15] 沈婷，郭大泽. 文创品牌的秘密：从创意、设计到营销. 南宁：广西美术出版社，2017.

[16] 帅立功. 旅游纪念品设计. 北京：高等教育出版社，2007.

[17] 金元浦. 文化创意产业概论. 北京：高等教育出版社，2010.

[18] 李亦文. 产品设计原理. 第2版. 北京：化学工业出版社，2011.

[19] 成乔明. 设计产业管理：大国战略的一个理论视角. 北京：中国社会出版社，2017.

[20] 王志标. 文化产业概论. 北京：化学工业出版社，2012.